Zora Gienger

Liebespaare der Neuen Zeit

Bitte fordern Sie unser kostenloses Verlagsverzeichnis an:

Smaragd Verlag
In der Steubach 1
57614 Woldert (Ww.)
Tel.: 02684-97848-10
Fax: 02684-97848-20
E-Mail: info@smaragd-verlag.de
www.smaragd-verlag.de

Oder besuchen Sie uns im Internet unter der obigen Adresse.

© Smaragd Verlag, 57614 Woldert (Ww.)
Deutsche Erstausgabe: Januar 2014
© Cover: DeVIce - Fotolia.com
Umschlaggestaltung: preData
Satz: preData
Printed in Czech Republic
ISBN 978-3-95531-034-9

Zora Gienger

Liebespaare der Neuen Zeit

Smaragd Verlag

Über die Autorin

 Zora Gienger ist Lichtheilerin, Poetin, Künstlerin und Tänzerin und ständig mit der spirituellen Welt verbunden. Ihre große Liebe gilt dem Schreiben und der Poesie. Sie schreibt Märchen, Erzählungen und Geschichten voller Weisheit und Heilkraft und empfängt wunderschöne und poetisch spirituelle Texte aus liebenden Lichtreichen.

Das Wissen um die Dualseelen trug sie schon als Kind in sich, doch erst jetzt war die Zeit reif, die Botschaft der Dualseelen in der Neuen Zeit in die Herzen und Seelen der Menschen zu senden. Das Wunder der Liebe und die Heilkraft der Dualseelen ist ewig und grenzenlos. An dieser Erfüllung und Freude möchte Zora Gienger ihre Leser und Leserinnen teilhaben lassen. „Entdecke die Einheit mit dir selbst, mit der Dualseele und der ganzen Welt, denn alles ist eins. Du und deine Dualseele – ihr seid für immer in Liebe miteinander vereint. Ihr seid Strahlende, ihr seid Liebende. Folgt der eigenen schöpferischen Freude im Leben, begreift die Welt mit allen Sinnen und fühlt euch heil und erfüllt!"

www.zora-gienger.de oder **www.praxis-gienger.de**

Inhalt

- An euch, liebe Leserinnen und Leser 7
- Das Geheimnis der Liebe 13
- Die Kraft Gottes in dir 17
- Die neuen Liebespaare 26
- Wie du ein Liebender/eine Liebende wirst 30
- Am Anfang ist die Selbstliebe 36
  - Die Verschmelzungsübung 38
- Die „Gebrauchsanweisung" für das Lieben 44
  - Die Grundübung für das Lieben 45
  - Die bewusste Selbstliebe-Übung 47
  - Die Personen-Liebesübung 49
  - Weitere Liebesübungen 50
- Wer die neuen Seelen- und Herzenspaare sind 55
- Wie Seelen- und Herzenspaare sind 62
- Wie sich Seelen- und Herzenspaare finden 67
- Ängste und Verletzungen aus früheren Beziehungen 72
- Traumatische Erfahrungen erlösen 78
- Unerfüllte, unbewusste Beziehungen lösen sich 84
- Wie du die Weichen stellst, aus deiner jetzigen Beziehung eine Seelen- und Herzensbeziehung werden zu lassen 92
- Erfüllende Zweisamkeit 96
- Andere Beziehungsformen 100
- Göttliche Heil- und Strahlkraft der Seelen- und Herzenspartnerschaft 103

- Die Gestaltung deiner Seelen- und Herzenspartnerschaft 108
- Die Seelen- und Herzenspartnerschaft im Alltag ... 114
  - Die heilige Hochzeit 116
  - Das heilige Liebesnest (Sexualität) 120
- Liebevoller Umgang miteinander 130
- Der tägliche Segen für deine Beziehung 138
- Das Liebesgeschenk für deine Beziehung 142
- Euer Leben im Auftrag der göttlichen Schöpfung. 146
- Mediale Verbundenheit 151
- Mit Kindern leben 161
- Wenn Seelen- und Herzenspaare älter sind oder werden 167
- Abschied nehmen in diesem Leben 171
- Über alle Zeiten hinweg – Liebende für immer 175
- Wenn du gerade ohne Partner bist 183
- Fragen zum Thema Liebe und Partnerschaft in der Neuen Zeit 191
- Den göttlichen Segen versenden 206

An euch, liebe Leserinnen und Leser

Ich freue mich, bei euch zu sein und euch von der menschlichen Liebe zu erzählen, von der Vision für die Zukunft, die jetzt schon begonnen hat.

Menschliche Liebe ist etwas Wunderbares, und aus Liebe eine Beziehung zu führen, die von dieser leuchtenden und erfüllenden Kraft geprägt ist, ist eine Erfahrung im Leben, die zu den schönsten gehört.

Wir Menschen wünschen uns Liebe, die von Herz zu Herz strahlt und die Seelen verbindet. Ebenso wünschen wir uns erfüllende Beziehungen und Partnerschaften, die von Herzensliebe getragen werden, lebendig sind und jeden der Partner tief berühren.

Diese erfüllende Liebe, in tiefer Verbundenheit mit Allem-was-ist, gelebt in einer wundervollen Beziehung, ist kein Märchen. Sie ist dabei, von der geträumten Vision in die Ebenen des Alltags zu gelangen.

Es ist mir eine große Ehre, diese Zukunftsvisionen aufzuschreiben, um die Seelen- und Herzenslichter der Liebe in jedem von euch zu entzünden und euch auf einen neuen Weg der Partnerschaft zu führen.

Der Mensch hat es in der Hand, sich eine Partnerschaft zu gestalten, die von vollkommenen Momenten und tiefer Erfüllung geprägt ist. Jeder ist in der Lage, tiefe Liebe zu schenken und zu empfangen, auf diese Weise strahlend zu sein und der Welt Erleuchtung zu zeigen.

Ich habe im Laufe meines Lebens schon einige Paare erlebt, die in ihrem Zusammensein so gestrahlt haben, dass ich als Außenstehende allein bei ihrem Anblick ebenso beglückt war.

Und es waren nicht nur Dualseelenpaare, die mir begegneten, sondern vor allem Liebende, die auf allen Ebenen des Seins Harmonie ausstrahlten und deren Gemeinschaft von einer tiefen Liebe zur gesamten Schöpfung getragen wurde. Diese Paare strahlten mehr als andere Liebende! In ihnen konnte ich ein Feuer sehen, das alles übertraf, was ich bisher wahrgenommen hatte.

Ich war so sehr berührt vom Anblick dieser Tiefe und Schönheit. Herz und Seele konnten sich entfalten. Und auch bei mir öffneten sich alle Pforten. Ich atmete den Atem Gottes bei der Betrachtung der Liebenden.

Gibt es so etwas wirklich?

Ja. Es sind erst einige Paare, aber es gibt sie. Und es werden immer mehr. Sie werden sich zueinander bekennen, miteinander wirken und strahlen, auch wenn sie unter Umständen keine gewöhnliche Beziehung in den klassischen Rollen einer Kleinfamilie führen werden. Sie werden dennoch zusammen sein und strahlen, sodass alle, die in ihrer Aura sind, ebenso verwandelt und strahlend und sich der Liebe öffnen werden.

Im Augenblick gibt es allerdings vor allem die anstrengenden Partnerschaften, in denen viele Menschen noch feststecken.

Partnerschaften und Beziehungen werden von vielen als zermürbend erlebt. Sie sind anstrengend, kosten Kraft und enden oft in Verzweiflung, Hoffnungslosigkeit, Trennung und einem Groll, der über lange Zeit bestehen bleibt.

Doch diese Art der Partnerschaft und Beziehung hat ausgedient, denn das Bewusstsein der Menschheit wächst stetig und führt Schritt für Schritt auf andere Bewusstseinsebenen, die von Mitgefühl, Verständnis, Miteinander und Herzensliebe gekennzeichnet sind. Im Laufe der nächsten Jahre werden sich diese destruktiven Beziehungen nach und nach auflösen und Platz machen für strahlende, liebende Beziehungsformen und ein wirkliches Miteinander. Jeder kann selbst dafür etwas tun. Jeder hat den Schlüssel dafür in der Hand und im Herzen.

Im Vordergrund steht die spirituelle Liebe dieser neuen und bewussten Beziehungen und das Erkennen, dass jeder Mensch ein wunderbares, einzigartiges Geschenk an diese Welt ist. Und noch mehr: Jeder Mensch ist Ausdruck göttlicher Liebe, ein Segen der strahlenden Kraft, wahr gewordene Liebeskraft an sich, Gottes Sehnen und Begehren, Gottes Intention, Idee und Traum. Das ist die schöpferische Energie Gottes, die pure Liebe, die manifestiert und verdichtet im dualen und materiellen Sein existiert. Jeder Mensch ist Gottes Liebe in Person. Und alles, was diese Schöpfung ausmacht, ist Gottes Liebe im Sein.

Wir Menschen sind Gottes Liebe. Wir sind Individuen, einzigartige Persönlichkeiten, und doch sind wir nichts anderes als Gottes Liebe in den wunderbarsten Erscheinungsformen dieser Welt.

Wer in diesem Bewusstsein eine Beziehung führt, ist erleuchtet und voller Strahlkraft.

Es ist gar nicht so schwierig, in die Energieschwingung dieses Liebesbewusstseins einzutreten, sich verändern und verwandeln zu lassen und im Fluss der Liebe zu schwimmen, getragen von der Schönheit dieser Welt.

Da du dieses Buch in Händen hältst, hast du Interesse daran, zu einer Liebenden/einem Liebenden zu werden, um dein Leben und vor allem deine Partnerschaften und Beziehungen neu zu gestalten.

Komm mit und folge mir durch die Kapitel. Lerne Seiten an dir kennen, die schon lange in dir schlummern und jetzt mit Lebendigkeit gefüllt werden wollen.

Du wirst die Liebe erleben. Du wirst sie in dir spüren und von ihr erfüllt werden. Sie wird dich tragen und begeistern. Sie wird dir Vollkommenheit und Erfüllung schenken. Und du wirst wissen: Du bist bereit für eine wahre Seelen- und Herzenspartnerschaft. Du hast den Schlüssel dazu in dir.

Ich begleite dich gerne. Komm mit und fühle dich geliebt von mir.

Deine Zora

Gebet

*Gott, gib mir die Weisheit und Erkenntnis,
dass ich ein Liebender/eine Liebende bin.
Ich bin ein Ausdruck deiner Liebe.
Ich bin dein gelebter Atemfluss.
Ich bin dein Traum, dein Gedanke, dein Wort, dein Licht, dein Klang.
Ich bin deine Inspiration, dein Kind, deine Schöpfung, deine wahr gewordene Liebe in Person.
Gott, gib mir die Kraft, ebenso Schöpfer meines Lebens zu sein und zu lieben.
Nichts anderes möchte ich, als Liebender/Liebende sein.
Denn im Lieben gestalte ich.
Im Lieben lebe ich.
Im Lieben diene ich dir.
Im Lieben preise ich dich.
Im Lieben gebe ich mich hin und verschenke mich an die Welt.
Im Lieben bin ich erst wirklich ich.
Im Lieben bin ich strahlend und erleuchtet.
Im Lieben bin ich eins mit dir, eins mit mir und mit der Welt.
Im Lieben geschieht Heilung.
Im Lieben geschieht Wandlung.
Im Lieben ist Lebendigkeit.
Im Lieben ist Erfüllung.
Im Lieben ist Vollkommenheit.
Gott, du Geliebter/Geliebte in mir, du Alles-was-ist:*

*Mach mich zu einem Liebenden/einer Liebenden,
auf dass ich mein irdisches Leben in Freude erfülle und vollende.*

Danke

Das Geheimnis der Liebe

Was ist das Geheimnis der Liebe? Welche Kraft hat sie? Und wie ist es möglich, Liebe ins tägliche Leben und in eine Partnerschaft zu integrieren?

Das Geheimnis der Liebe ist das Lieben. Du, geliebtes Kind Gottes, hast die göttliche Kraft und das göttliche Bewusstsein in dir, zu lieben. Das Lieben ist eine schöpferische Aktion, kein Zustand, kein starres Gefühl, kein Etwas, das einfach geschieht und dich passiv überfällt.

Das Lieben liegt in dir und in deiner Entscheidungskraft. Du setzt die Aktion des Liebens in Bewegung. Du beginnst aus dir heraus zu lieben.

Indem du liebst, gestaltest du dir deine Welt. Und zu dieser Welt gehört auch eine erfüllende Partnerschaft. Es ist nichts anderes dazu nötig, als zu lieben. Ja, einfach zu lieben. Der Akt der fließenden Herzensliebe, aus deiner Seele, aus deinem Herzen fließend, ist alles. Mehr ist nicht nötig. Das ist die Basis. Also liebe! Sei ein aktiv Liebender/eine aktiv Liebende!

Viele Menschen glauben, dass sie erst lieben können, wenn sie den richtigen Partner (oder überhaupt einen Partner) gefunden haben. Sie warten, erleben die Liebe passiv und wünschen sich, geliebt zu werden. Sie lieben nicht aktiv, weil sie glauben, dass sie ohne Partner nicht lieben können. Wen oder was sollen sie lieben? Es ist doch niemand greifbar, oder? Ihre Liebe würde ins Leere laufen, einfach so. Deshalb lieben sie nicht. Weil sie den Sinn der Liebe ohne Partner nicht erkennen. Lieber wollen sie geliebt werden. Es soll jemand kommen, der sie liebt. Erst dann öffnen sie sich für das Lieben und lieben den anderen ebenfalls (falls er wirklich lieb ist und es verdient).

Ja, so funktioniert im Augenblick noch das menschliche Denken. Das ist normal, denn es gehört zur menschlichen Grundintention im Leben: der Wunsch, geliebt zu werden. Und nicht nur der Mensch möchte geliebt werden. Die ganze Schöpfung drückt das aus: Alles und jeder will geliebt, wahrgenommen, anerkannt, liebgehabt und beachtet werden.

Geliebt zu werden ist der Wunsch der gesamten Schöpfung. Alles Irdische hat dieselbe Intention: geliebt zu werden, zu empfangen, verwöhnt zu werden und anzunehmen.

ABER: Um Liebe empfangen zu können, muss sie erst einmal in den Fluss gebracht, ausgestrahlt und gegeben werden.

Liebe schenken ist ein aktiver Prozess, der alles andere erst ermöglicht. Um Liebe zu schenken, benötigst du nichts anderes als dich selbst. Du kannst lieben! Kein Partner, keine Umstände oder irdischen Konstellationen sind nötig, um zu lieben. Liebe kann immer ausgestrahlt werden. Immer und immer und immer.

Liebe kann zu dir strahlen, in dein Leben, zu deinen Mitmenschen, in die gesamte Schöpfung. Es gibt keine Begrenzungen.

Du beginnst zu lieben und weißt, dass du dadurch gleichzeitig zum Empfänger wirst. Denn das Lieben nährt dich und die Welt. Die Grundintention, geliebt zu werden erfüllst du dir selbst. Und du wirst genährt von deiner Umwelt, wenn auch sie in der Lage ist, zu lieben. Dann wirst du Sender und Empfänger gleichzeitig sein. Und die ganze Welt wird strahlen.

Du kannst es. Es ist in dir wie das göttliche Bewusstsein, das dich ausmacht. Du kannst es, weil du Gott in dir trägst. Du durchbrichst irdische Mauern und Denkmuster und wartest nicht mehr darauf, geliebt zu werden. Du liebst.

Beginne mit dir selbst. Liebe dich selbst. Nähre dich mit dem göttlichen Fluss der Liebe.

Beginne! Sei du der/die Erste, der/die es praktiziert! Sei du derjenige/diejenige, der/die die Liebe ins Fließen bringt! Sei du derjenige/diejenige, der/die die Welt verändert, Erleuchtung bringt und erleuchtet ist.

Du wirst geführt, um zu erfahren, wie du das Lieben praktizierst, ganz irdisch und pragmatisch. Deshalb hältst du dieses Buch in deinen Händen. Denn das göttliche Bewusstsein zeigt dir, wie du das Lieben in deinen menschlichen Alltag hereinfließen lässt.

Diese Zeilen sind eine Gebrauchsanweisung fürs Lieben. Sei du derjenige/diejenige, der/die liebt! Beginne, und die Welt wird dir folgen und ebenfalls lernen, zu lieben.

Das ist der Weg ins Neue Zeitalter und in erfüllende Beziehungen. Es ist Zeit, die göttliche Kraft in dir zu entfalten.

☆☆☆

Gebet

*Ich bin voller Liebe für dieses Leben
und habe die Kraft, Liebe zu schenken.
Es liegt in meiner Macht, die Liebe zu einem aktiven Fluss
des Gebens werden zu lassen.
Ich bin ein Liebender/eine Liebende.
Ich setze den Fluss in Bewegung,
sodass die Liebe zum aktiven schöpferischen Akt wird.
Ich liebe
und verändere mein Leben.
Ich liebe
und verändere die Welt.
Ich liebe.
Mehr ist nicht nötig.
Ich bin dankbar, dass ich lieben kann.
Ich liebe.*

Die Kraft Gottes in dir

Ohne göttliches Bewusstsein lässt sich die Liebe nicht erklären. Und auch nicht die schöpferische Kraft des aktiven Liebens. Um zu lieben bedarf es Gott und des göttlichen Bewusstseins in allem Geschaffenen. Das göttliche Bewusstsein ist das Fundament von allem: Beziehungen, menschliches Miteinander, das Dasein an sich. Man könnte auch so sagen: Der Ursprung der Liebe ist das göttliche Bewusstsein, ist Gott.

Deshalb ist dieses Kapitel Gott und dem göttlichen Bewusstsein gewidmet. Damit alle Menschen besser verstehen, was das Fundament des Daseins ist, welche Liebesbasis allem zugrunde liegt und was das Fundament einer wahren Herzens- und Seelenpartnerschaft ist.

Alles, was das menschliche Dasein ausmacht, ist göttlich. Wie eine Inspiration aus der Urquelle des Seins. Das ganze Dasein ist Gott. Gott ist alles, was existiert. Auch in dir, liebes Menschenkind.

Für den Menschen ist es manchmal schwierig zu verstehen, dass alles Sein göttlich ist. Aber nur diese Erklärung macht wirklich Sinn und öffnet das Bewusstsein für ein lichtvolles Leben und ein bewusstes, liebevolles Miteinander.

Wie kann man sich das Göttliche, also Gott, vorstellen? Eigentlich nicht richtig. Das Göttliche ist so abstrakt, dass es unvorstellbar ist.

Nimm einfach an, dass Gott als reine Information, ohne Zeit und Raum, ohne Dimensionen und Vorstellungen existiert. Wie eine Form von Energie, eine Quelle schöpferischer Kraft. Oder so ähnlich. Wirklich wissen wird es der Mensch nie. Und beweisen lässt sich auch nichts mit den herkömmlichen wissenschaftlichen, irdischen Regeln.

Du kannst, wenn du möchtest, dieses göttliche Sein, diese Energieform „Gottes Traum" nennen. Das göttliche Sein ist wie ein Traum, ein Gedanke, eine Information. Die Vorstellung eines Traums ist dabei am greifbarsten und verständlichsten.

Mehr gibt es nicht.

Es gibt Gott. Gott ist. Und gut.

Und aus diesem „Gott ist" entsteht die ganze Welt, das ganze Universum und Alles-was-ist. Es ist tatsächlich Gottes Traum.

Gott träumt sich selbst, träumt das ganze Sein. Dazu gehören die Planeten, die Erde, alles, was auf dieser Erde ist, alles Materielle, das Raum-Zeit-Gefüge, das individuelle Erleben in unserer als dual empfundenen Welt, die seelische Existenz außerhalb der Materie (wenn der Mensch den verdichteten Körper hinter sich lässt und in die jenseitige Welt der Seelen wechselt) und alles andere, was Menschen mit ihrem Gehirn nicht kennen oder begreifen können. Gott träumt einfach alles.

Ja, alles ist Gottes Traum. So auch der Mensch. Und zwar jeder Mensch. Jeder Mensch ist also Gott, grob gesprochen. Man kann es auch so nennen: Jeder Mensch ist ein Teil Gottes; jeder ist eine Energieform im Traum Gottes; der Mensch ist Gottes Idee in verdichteter Form. Und die Materie ist nichts anderes als verdichtete, energetische Gedanken oder verschiedene Träume und Traumformationen Gottes.

Aha. Gott verdichtet seinen Traum, seine Gedanken – und es kommt zur Materie.

Wie kommt es nun zu dieser Verdichtung?

Gott träumt Alles-was-ist.

Gut und schön. Aber wie funktioniert das?

Die schöpferische Kraft, die Gottes Traum in der Materie verankert, ist die Liebe. Das aktive, schöpferische Lieben. Liebe ist die treibende Kraft, eine Aktion, die die Daseinsentwicklung ermöglicht. Sie ist die verbindende Energie zwischen der Idee einer Schöpfung, dem zielgerichteten Gedanken (so und so soll die Schöpfung sein), der Tätigkeit (dem schöpferischen Tun) und der vollendeten Tat.

Die Liebe ist die Kraft, die Gottes Traum möglich macht. Sie ist Gottes Absicht und Gottes Wille. Als ob Gott sagen würde: „Ich habe die Absicht und will diesen Traum der Schöpfung träumen und somit schöpferisch tätig werden und die Schöpfung erschaffen. Ich will."

Das Wollen gehört also auch zur Liebe und ist der Grund für Gottes Traum.

Es ist das „Ich bin" und das „Ich will" der Liebe. Liebe ist der Grund für den Traum von der Schöpfung.

Die Liebe ist Gottes Intention, seine Absicht im Traum. Man kann also sagen: Gott träumt vor lauter Liebe. Gott träumt aus Liebe. Gott ist die Liebe im Ausdruck des Traums. Gottes Liebe lässt Gottes Traum erst entstehen. Das klingt gut.

Es ist so herrlich, zu empfinden und zu wissen, dass Gott so sehr liebt und dadurch jeden und alles Sein liebt. Du bist Gottes Liebe. Spüre in diese Aussage: Du bist Gottes Liebe. Ja, du bist Gottes Liebe. Sprich zu dir selbst: Ich bin Gottes Liebe.

Es ist die Liebe, die das Sein ausmacht. Die Liebe ist deshalb auch die Energie der Verbundenheit, der spürbaren Einheit und der kreativen menschlichen Schöpferkraft.

Gottes Liebe wirkt durch den Menschen, weil der Mensch die Liebe ist, weil er Gottes Traum, Gott ist.

Jeder Mensch trägt dieses schöpferische Liebesbewusstsein in sich. Aus diesem Liebesbewusstsein heraus sehnt er sich nach erfahrbarer Liebe in seinem gesamten Leben, und zwar überall. Vor allem aber sehnt er sich nach einer tiefen, erfüllenden Partnerschaft, die die göttliche Liebe in sich trägt und diese immer wieder neu erlebbar macht. Der Mensch sehnt sich nach göttlicher Liebe, die alle Bereiche umfasst und erfahren werden kann.

Erfahrungen sind im Leben aber nur dann umfassend möglich, wenn sie mit Leib und Seele, mit Herz und Verstand, mit Gefühl und allen Sinnen erfahren werden. Dazu benötigen die Menschen einen Körper, der dieses Empfinden im Inneren möglich macht, und ein Äußeres, das den Impuls dazu gibt. Dann findet ein fließender Austausch statt. Das Äußere ist die Umwelt des Menschen, vor allem aber andere Menschen und speziell natürlich ein Liebespartner.

So sehnt sich der Mensch Zeit seines Lebens nach fließender Liebe, nach dem Erkennen, nach liebender Interaktion in Form von Zuwendung, Anerkennung, Aufmerksamkeit, Beachtung und Lob. Der Mensch möchte wahrgenommen und erkannt werden. Das ist das Liebhaben.

„Hallo! Nimm mich wahr! Beachte mich! Schenk mir deine Aufmerksamkeit! Gib mir Anerkennung! Kommuniziere mit mir! Zeige und sage mir, dass es schön ist, dass es mich gibt! Tu dieses bitte respektvoll, liebevoll und achtsam! Und ich tue dasselbe mit dir!"

So funktioniert das Leben. Liebhaben soll sein. Liebhaben in Form von „Ich nehme dich wahr, ich beachte dich, ich schenke dir Aufmerksamkeit, ich schenke dir Anerkennung, ich liebe dich."

Jegliches Leben, alles Irdische funktioniert so. Pflanzen, Tiere, Völker, Nationen, Länder, Situationen, Dinge, die Erde an sich, Sterne, das ganze Universum…einfach alles möchte die Interaktion der Liebe spüren, möchte geliebt werden.

Die höflichste und distanzierteste Form des Liebhabens ist die Beachtung, dass man wahrgenommen wird. Dann folgen die Aufmerksamkeit und die positive Anerkennung. Beachtung, Aufmerksamkeit und Anerkennung sind schon der erste Ausdruck einer Beziehung, einer Interaktion.

Je näher, enger und tiefer eine Beziehung ist, desto mehr spür- und erlebbare Liebe wird in Form von Zuwendung ersehnt. Das sind zum Beispiel Worte. Man sagt dem anderen, wie sehr man ihn liebt und präsentiert ihm seine Gefühle (du bist mir wichtig, ich sehne mich nach dir, ich bin für dich da usw.). Hinzu kommen Taten. Das sind Liebesbeweise (ich kaufe für dich ein, ich helfe dir bei der Arbeit, ich widme dir meine Zeit usw.). Und natürlich wird die Zuwendung über den Körperkontakt ausgedrückt (wir schmusen miteinander, ich berühre und streichle dich, wir haben Sex miteinander usw.).

Weniger enge Beziehungen weisen dieselben Muster auf. Zum Beispiel wünschen sich Eltern und Kinder untereinander Aufmerksamkeit, Lob, Anerkennung, Liebesbeweise und Körperkontakt in angemessener Form. Geschäftspartner wiederum wünschen sich Lob, konstruktive Gespräche, Anerkennung (oft in Form eine Geldzuwendung oder Beförderung). Und innerhalb einer Freundschaft wünscht man sich Anerkennung, indem man Zeit miteinander verbringt, sich lobt und füreinander engagiert.

Die schönste Form einer Liebesbeziehung ist eine spirituell geführte Partnerschaft zwischen Liebenden. Das ist eine göttliche Liebesbeziehung, weil ein Gefühl von Einssein und Verschmelzung immer wieder erlebbar ist. Gleichzeitig erlebt sich jeder Partner individuell. Er findet sich selbst im Zusammensein mit dem anderen.

Beides ist also möglich: Einerseits ganz bei sich zu sein und dabei zu sich zu finden, und andererseits mit dem anderen zu verschmelzen und mit ihm auf allen Ebenen eins zu sein.

Und noch etwas: Im Lieben wird die Einheit mit Gott wieder spürbar. Das Gefühl, dass alles eins und man mit der ganzen Schöpfung verbunden ist, eins mit ihr ist, wird immer wieder erlebbar.

Eine göttliche Liebesbeziehung entspricht deshalb ganz und gar Gottes Traum. Die Liebe als Verbindung für das Erleben von Einheit, Verschmelzung und Individualität wird wahrgenommen. Bewusst wird diese kreative Kraft, die sich Liebe nennt und ist, in das Beziehungsgefüge des Menschen eingebracht.

Die Ur-Sehnsucht des Menschen ist das Gefühl von Einssein: eins mit sich in der Individualität, eins mit dem Partner (in der Dualität) und eins mit Gott (in Allem-was-ist). Es ist ganz einfach. Eigentlich muss der Mensch nur dieser tiefen Ur-Sehnsucht folgen.

Um das zu ermöglichen, ist die kreative Liebeskraft gefragt. Die Liebe ist der Wegweiser zum Gefühl und Erlebnis der Einheit, und zwar auf Erden im verdichteten, materiellen Körper. Alles im Menschen sehnt sich nach diesem Erleben: eins sein mit sich, mit dem Partner, mit Gott und Allem-was-ist. Warum ist diese Sehnsucht so stark?

Es ist Gottes Traum für die Menschheit. Und weil sich die Sehnsucht, wenn sie freudig erlebt wird, herrlich kraftvoll anfühlt, in der Gewissheit der Erfüllung. In Momenten der Verschmelzung und Einheit fühlt Gott im Menschen. Der Mensch fühlt sich dann erleuchtet, stark, heilig, selig, erfüllt, vollkommen und ganz. Keine Frage und kein Gefühl bleiben offen. Die pure Freude ist spür- und erlebbar.

Dem Menschen ist es gegeben, in sich dieses Gefühl zu finden. Dazu benötigt er niemanden. Er liebt sich selbst, ist in der Aktion des Liebens und damit absolut erfüllt.

Das Lieben ist die Basis. Aber weil sich das menschliche Leben in der Dualität abspielt, ist die Interaktion mit der Umwelt und Allem-was-ist der Fluss, der Lebendigkeit erst wirklich erfüllend genießen lässt.

Es ist dem Menschen deshalb auch gegeben, innerhalb von Beziehungen diese Freude zu erleben. Das ist ein großes Geschenk dieses Lebens. Du liebst jemanden und erkennst dich im anderen. Du siehst wie in einen Spiegel und bist über die Liebe miteinander verbunden. Du kannst mit dem anderen die Einheit und Verschmelzung erleben, die Gottes Gegenwart nahebringt. Noch mehr: Du spürst Gott und gleichzeitig, dass du ein Teil von ihm bist, wenn du das Band der Liebe mit einem anderen Menschen erlebst.

Es ist ein wunderbares Erkennen. Spüre: „Ich erkenne dich. Du erkennst mich. Wir erkennen uns. Wir erkennen Gott in uns, in mir, in dir, in allem. Gott ist alles. Ich bin Gott. Du bist Gott. Wir sind Gott."

Dieses Erkennen löst Freude aus, eine Lebensfreude, die bis in die Materie wirkt und Leib und Seele heilt. Deshalb sehnt sich der Mensch so sehr nach diesem Erkennen.

„Ich liebe dich!", ruft mein Herz, meine Seele, mein ganzes Sein. „Und wenn ich dich liebe, erkenne ich mich in dir und empfinde die Liebe, die du für mich empfindest. Wir erfreuen uns. Wir erfüllen uns. Wir vereinen uns. Wir sind die Liebe. Wir erkennen Gott in uns. Und wir sehnen uns immer wieder danach, jeden Tag aufs Neue diese göttliche Liebe in und durch uns zu erfahren."

Sei dir dieser Sehnsucht bewusst. Erlebe bewusst, dass der Mensch kein gottloses Geschöpf ist, sondern dass Gott in allem ist, was ist. Gott ist in jedem Menschen.

Eine Beziehung ohne Bewusstheit kann dieser Sehnsucht nicht gerecht werden. Erst eine Beziehung, in der sich beide Partner ihrer göttlichen Einheit bewusst sind und in sich und im anderen das Göttliche sehen, kann zur erfüllenden Seelen- und Herzenspartnerschaft führen.

Gebet

*Ich sehne mich nach dem Einssein,
das ich schon bin,
weil Gott in mir und in meinem Gegenüber ist.
In jedem Menschen.
Ich liebe.
Ich liebe dich.
In mir ist die Freude,
die liebende Kraft mit dir zu teilen,
sie mit dir zu erleben,
als Erfüllung im Leben.
Ich erkenne Gott.
Ich erkenne Gott in mir.
Ich erkenne Gott in dir.
Du erkennst Gott in dir.
Du erkennst Gott in mir.
Ich erkenne dich in Liebe.
Du erkennst mich in Liebe.
Und alles ist reine Freude.
Mein Sehnen ist erfüllt.
Dein Sehnen ist erfüllt.
Wir sind eins.*

Die neuen Liebespaare

Wer sind sie, diese lichtvollen Seelen- und Herzenspaare, die zueinanderfinden, miteinander durchs Leben gehen oder sich ein Stück weit im Leben begleiten?

Es sind keine herkömmlichen Liebespaare, sondern reife Persönlichkeiten und oft „alte Seelen", die ihr Herz und ihre Seele vereinen, um hier auf der Welt ein lebendiger Segen für uns alle zu sein. Wer ihnen begegnet, sie zusammen erlebt und in ihre vereinte Aura tritt, wird tief berührt sein. Im lichtvollen Strahl ihrer segnenden, bedingungslosen Liebe zu sein, ist eine Wohltat sondergleichen.

Nicht jedes Paar strahlt solche überirdisch leuchtende, göttliche Liebe aus. Wahre Seelen- und Herzenspaare tun es. Sie sind ein Segen für die gesamte Menschheit, eine Gnade Gottes, ein Lobpreis der Schöpfung und Hoffnung für die Zukunft.

Es ist ein wahr gewordenes Wunder, wenn sich jetzt und in naher Zukunft immer mehr Seelen- und Herzenspaare finden und vereinen. Ihnen zu begegnen, sie gemeinsam wirken zu sehen und zu erleben, wie ihre tiefe Liebe zueinander alles um sie herum verwandelt, ist das Schönste und Ergreifendste, das man sich vorstellen kann.

Spirituelle Liebe ist die verbindende Kraft dieser Paare. So erkennen sie sich, lieben sich und handeln gemeinsam aus dem reichen Schatz ihres Herzens heraus zum Wohl aller in tiefster, schönster Strahlkraft.

Seelische Reife, innere Weisheit, spirituelles Bewusstsein, Einfühlungsvermögen, das Heilen von alten Verletzungen innerhalb früherer oder jetziger Beziehungsstrukturen und viel leidenschaftlicher Mut müssen sich geistig-seelisch entwickeln und entfalten, bis Liebende sich ganz und gar der lichtvollen Seelen- und Herzenskraft hingeben können.

Jeder Mensch trägt das Potenzial in sich, zu einem solchen Liebenden heranzureifen. Der Prozess verläuft Schritt für Schritt.

Bist du bereit, ein Liebender/eine Liebende zu sein?

Ein Liebender/eine Liebende bist du nicht aus den äußeren Umständen heraus. Du bist es aus dir heraus, aus deiner Göttlichkeit. Nur du kannst dich dafür entscheiden und deiner Entwicklung freien Lauf lassen, zu einem Liebenden/einer Liebenden zu werden.

Dass du liebst, hängt nicht von deinen Mitmenschen, deinem Elternhaus, deiner Lebenssituation, deinen bisherigen Lebenserfahrungen, deinem Alter, deinem Geschlecht, deinem sozialen Status, deiner Hautfarbe, deiner Religionszugehörigkeit oder deiner kulturellen Ausrichtung ab. Deine Liebesfähigkeit ist ebenso unabhängig von der augenblicklichen weltpolitischen Lage, deinem Verdienst, deinen Krankheiten, deinem Aussehen, deiner astrologischen Grundkonstellation, vorherrschenden elektromagnetischen Veränderung auf der Erde, esoterischen Anziehungsgesetzen, deinen Gaben und Charaktereigenschaften oder sonst irgendeiner äußerlichen oder innerlichen Gegebenheit.

Einzig deine innere Haltung, dein Wille, dein „Ja" zählt. Du übernimmst die Verantwortung für deine Entscheidung, ein Liebender/eine Liebende zu sein. Unabhängig davon, ob du einen Partner hast oder nicht.

Lichtvolle Seelen- und Herzenspaare haben dieses „Ja" zueinander innerlich gesagt. Sie haben bewusst entschieden, Liebende zu sein. Nicht nur füreinander, sondern immer. Ihr Grundsatz lautet: Ich bin ein Liebender/eine Liebende.

Nur wer ein Liebender/eine Liebende ist, kann lieben, Liebe geben, empfangen und frei fließen lassen.

Die gute Nachricht ist: Zu einem bewusst Liebenden/einer bewusst Liebenden kann man werden. Es ist reine Übungssache im Irdischen. An erster Stelle steht das Bewusstsein und der Impuls, ein Liebender/eine Liebende zu sein (dafür wurde dieses Buch geschrieben, denn es setzt die richtigen Impulse).

Sobald man ein Liebender/eine Liebende ist und immer wieder übt zu lieben, wird man irgendwann ein Meister. Dann hat man die nötige Reife erlangt, ein liebender, lichtvoller Seelen- und Herzenspartner zu sein.

Du schulst dich selbst. Du übst dich im Lieben. Und je mehr Menschen das tun, desto mehr Liebende wird es geben, die sich dann als lichtvolle Seelen- und Herzenspaare finden.

Du hast es also selbst in der Hand, Licht und Liebe in deinem Leben erfüllend erleben zu können. Zunächst für dich allein, dann als liebender Partner im Miteinander. Und schließlich im Zusammenschluss mit jedem und allem, als liebende Menschheit.

Gebet

Ich möchte ein Liebender/eine Liebende sein,
denn dies ist die höchste Freude in meinem Leben.
Dies ist der höchste Ausdruck meiner Göttlichkeit.
Wenn ich ein Liebender/eine Liebende bin, dann ist mein
Wille mit Gottes Willen vereint.
Gottes Traum träumt mich in Liebe.
Ich bin ein Ausdruck dieser Liebe im irdischen Leben.
Also ist auch die Kraft in mir,
ein Liebender/eine Liebende zu sein
und mein Leben zu gestalten.
Und mich zu einem wahren Seelen- und Herzenspartner
zu bereiten.
Ja, ich will.
Ja, ich will lieben.
Ich bin bereit.
Ich liebe.

Wie du ein Liebender/eine Liebende wirst

Der Weg zu einer wunderschönen Seelen- und Herzensbeziehung mit einem Partner fängt bei dir selbst an. Das heißt, dass du dich „vorbereitest". Du machst dich bereit, einem anderen Menschen der beste Partner aller Zeiten zu sein. Das ist für viele Menschen ein neuer Gedanke, denn meistens erwarten sie den besten aller Partner für sich selbst.

Aber wie sind sie selbst? Würden sie sich gerne zum Partner haben?

Nur wenn du absolut klar sagen kannst, dass du für dich und für jemand anderen der beste Partner bist, ist dem auch so. Und dann findet auch der beste Partner zu dir. Die Wunderbarsten kommen zusammen!

Bist du der beste, wunderbarste Partner, den man sich vorstellen kann?

Du kannst jederzeit der wunderbarste Partner für dich und für jemand anderen sein, wenn du ein Liebender/eine Liebende bist. Beginne also damit, ein Liebender/eine Liebende zu sein.

Die erste Frage, die du dir beantworten kannst, ist: Möchtest du ein Liebender/eine Liebende sein? Das ist die Grundfrage. Dein Wille entscheidet. Dein „Ja, ich will".

Zweifle nicht an deinem Willen in Bezug auf die Liebe. Denn dein Wille ist auch Gottes Wille, weil Gottes Wille die Liebe ist.

Dieses Ja schließt alles mit ein. Denn ein Liebender/eine Liebende trägt Liebe in die ganze Welt.

Du liebst. Du lässt Liebeskraft überallhin fließen, zu dir, zu deinen Mitmenschen, in deine Lebenssituationen, zu den Dingen, die dich umgeben, zu deiner Umwelt, einfach überallhin.

Du wirst spüren, dass du deinen Blickwinkel veränderst, wenn du „Ja" zum Lieben sagst. Als Liebender/Liebende siehst du die Welt mit liebenden Augen. Deine Liebeskraft fließt überallhin. Ob du beim Einkaufen bist, in der U-Bahn sitzt, spazieren gehst, deine Arbeit verrichtest, mit Kunden umgehst, deine Freunde oder Verwandten triffst – du lässt deine Liebeskraft zu den Menschen, Räumen und Situationen fließen.

Mit der Zeit wird es dir egal sein, was du wahrnimmst. Du wirst es nicht mehr be- oder verurteilen. Dies wird dir immer häufiger gelingen. Schritt für Schritt, je öfter du liebst.

Bisher warst du es gewohnt, alles, was du wahrgenommen hast, zu kommentieren und damit zu beurteilen. Das ist nichts Schlimmes. Es ist einfach so. Jeder Mensch – auch der Erleuchtete und Lichtvollste – hat ein Gehirn, das seine Aufgaben gut erledigt: es kommentiert, sortiert, urteilt, nummeriert und vergleicht ständig. Der Mensch ist ständig am Denken und dadurch fähig, sich in seiner Welt zurechtzufinden. Das ist in Ordnung und auch wichtig. Diese Fähigkeiten lassen sich auch nicht abstellen, aber sie blockieren immer wieder unsere Liebesfähigkeit. Deshalb ist es wichtig, neben den herkömmlichen Fähigkeiten des Verstandes die Liebesfähigkeit zu stärken.

Bisher läuft es folgendermaßen: Stell dir vor, du sitzt in der U-Bahn. Unterschiedliche Leute nehmen dir gegenüber Platz. Du denkst: Meine Güte, wie kann man nur diesen hässlichen Rock anziehen. Und dann die Kopfhörer im Ohr. Die Frau gegenüber sieht aber auch müde aus. Und der da drüben muffelt. Hat wohl nicht geduscht, igitt. Puh, ich bin froh, wenn ich hier wieder raus bin. Der mit seinen großen Füßen soll mir bloß nicht zu nahe kommen…

Das ständige Plappern deiner Gedanken ist der Normalfall. Du grübelst, vergleichst dich mit anderen, distanzierst dich, verfängst dich in Gedankenmustern, beschimpfst dich und den Rest der Welt – du tratschst und tuschelst innerlich permanent.

Und nun kommt das Bewusstsein ins Spiel. Du erkennst plötzlich, dass du im Gedankenkarussell festhängst und sagst innerlich: Halt!

HALT!

Nun konzentrierst du dich auf das Lieben. Du verlegst deine Aufmerksamkeit in dein Herz und stellst dir vor, wie du das ganze U-Bahn-Abteil und alle darin Sitzenden mit liebender Heilkraft bestrahlst. Deine Gedanken haben Pause. Stattdessen bist du beschäftigt, dir vorzustellen, wie lichtvolle (vielleicht auch bunte) Strahlen aus dem Herzen kommen, die voll mit deiner Liebe sind. Du bist nun ein Liebender/eine Liebende. Deine bewusste Aufmerksamkeit liegt beim Lieben. Du sendest liebende Strahlen aus, direkt aus deinem Herzen. Sieh nur, wie du alles bestrahlst! Jeden Winkel der U-Bahn, jeden Menschen, jeden Sitz, alles.

Vielleicht glitzern deine Liebesstrahlen. Eventuell tönen sie, sodass ein wunderbarer Klang aus deinem Herzen schallt. Oder du spürst den Strahl warm und sanft aus dir herausfließen. Kribbelt es vielleicht in deinen Füßen? Oder macht der Strahl schöne Wellenbewegungen? Vielleicht wird das ganze Abteil plötzlich hell und schön. Und riecht er nicht herrlich, dieser Liebesstrahl? Hm, lecker. Ein gemütlicher Duft liegt über den Menschen. Ein Geschmack nach Plätzchen oder Schokolade. Schau nur! Fühl nur! Hör nur! Riech nur! Schmeck nur!

Wenn du willst, kannst du einzelne Menschen gezielt bestrahlen. Vielleicht die Frau, die so müde aussieht. Bestrahle sie mit liebendem Vanillegeschmack. Stell dir vor, wie dieser Vanillegeschmack in alle ihre Körperzellen fließt, zart und liebevoll. Du bist ein Liebender/eine Liebende. Hab deine Umwelt lieb! Schenk ihr deine Liebe. Frisch aus deinem Herzen.

Und dann schau: Lächeln die Menschen nicht alle ein klein wenig mehr als vorher? Fein! Ist das nicht herrlich? Ist das nicht wunderbar?

Hurra, du bist ein Liebender/eine Liebende!

Dieses Bestrahlen mit Liebe kann kurz dauern oder länger, ganz wie du möchtest. Das tust du ab jetzt immer, wenn es dir bewusst ist. Das heißt, immer, wenn du dich dabei ertappst, wieder beim Kommentieren und Beurteilen zu sein, halt inne und beginne zu lieben. Der einfachste und wirkungsvollste Weg der Liebe ist das Aussenden von Liebesstrahlen aus deinem Herzen. Das kannst du immer tun, egal, wo du bist, mit wem du gerade zu tun hast oder wie die Situation beschaffen ist. Tue es einfach: liebe! Und dein Bewusstsein wird sich entsprechend verändern. Es wird dir mit der Zeit immer leichterfallen, zu lieben und alles mit Liebesstrahlen zu beschenken. Und nicht nur dein Bewusstsein wird sich verändern: Alles wird sich verändern. Alles!

Sobald du das Lieben übst, dich daran gewöhnt hast und die Veränderungen wahrnimmst, die in deinem Leben und in dir stattfinden, kannst du dir die zweite Frage stellen, nämlich: Möchtest du einem anderen Menschen ein Seelen- und Herzenspartner sein? Bist du bereit dafür?

Wenn ja, wirst du hier sehr viel über die Seelen- und Herzenspaare erfahren, die „Ja" zueinander sagen.

Wenn nein, macht das auch nichts. Der richtige Zeitpunkt wird kommen. Lies einfach weiter, übe dich als Liebender/als Liebende.

Bleib dabei, liebende Heilstrahlen auszusenden. Sende diese Heilstrahlen konkret auch immer zu dir selbst. Fülle dich mit Liebesstrahlen, um deine Wunden und Verletzungen zu heilen. Damit du bereitet wirst, ein Seelen- und Herzenspartner zu sein.

Gebet

Ja, lieber Gott, ich will.
Ich will ein Liebender/eine Liebende sein.
Ich will Liebe aussenden.
Hin zu mir selbst.
Hin zur ganzen Welt.
Ich entscheide mich jetzt.
Ja, ich will.

Am Anfang ist die Selbstliebe

Wenn du ein wundervoller Liebespartner sein möchtest, der eine herrliche Seelenbeziehung führt, musst du zunächst für dich der beste aller Partner sein. Bereite dich zu einem Liebenden/einer Liebenden vor und liebe dich selbst. Schöpfe aus der großen Liebesquelle Gottes und nähre dich mit Liebe.

Dazu gehört auch, dass du dich wohlfühlst in deinem Körper. Körper, Geist und Seele sollten gut integriert und optimal miteinander vereint sein. Das geht nur, wenn sie „auf einer Wellenlänge" schwingen und sich ihre Schwingungsfrequenzen angleichen.

Anderenfalls fühlst du dich nicht wohl in deinem Körper. Du möchtest eigentlich gar nicht hier sein. Deine Seele spaltet Seelenteile ab, die für dich „verloren" sind. Dann hast du ständig das Gefühl, neben dir zu stehen, im falschen Leben zu sein, nicht hier zu sein, oder du meinst, irgendein Außerirdischer hätte dich auf der Erde abgesetzt und vergessen. Alles fühlt sich nicht stimmig an, du bist dauernd gefrustet und sagst Sätze wie: „Das ist aber wirklich mein letztes Leben hier. Noch einmal mache ich das nicht mit." Oder: „Bloß weg aus dieser niedrigen Schwingungsfrequenz." Oder: „Die Erde ist ein schlimmer Ort, wie konnte ich bloß hier inkarnieren?"

Spirituelle Menschen neigen dann dazu, sich hinaus aus dem Körper zu meditieren, sich wegzuträumen, nicht geerdet und präsent zu sein im Leben. Sie verlegen ihre Aufmerksamkeit ständig in körperlose Ebenen, kommunizieren überwiegend oder fast ausschließlich mit geistigen Wesen und verlieren nicht selten den Kontakt zum Irdischen. Sie entwickeln eine Abneigung gegen alles Irdische. Widerwillig fügen sie sich den Gegebenheiten dieser Erde und finden es fürchterlich, hier sein zu müssen. Vor allem aber mögen sie weder das Materielle noch Dinge, die mit dem irdischen Leben zusammenhängen. Sie möchten am liebsten nicht mehr essen, trinken, schlafen und anderen Tätigkeiten nachgehen, die das Leben innerhalb eines Körpers mit sich bringt. Alles Körperliche ist ihnen zu viel und sollte möglichst überwunden werden.

Sätze wie: „Das Paradies ist hier und jetzt", können sie nicht nachvollziehen. Sie klingen wie Hohn in ihren Ohren, weil sie gegenteilige Erfahrungen gemacht haben und dadurch innere Ablehnung, höchstens Duldung an den Tag legen. Das verursacht ein permanentes Ungleichgewicht zwischen Körper, Geist und Seele. Es ist deine innere Einstellung zum Leben auf der Erde, deine Gedanken, dein geistiges Potenzial, die Ablehnung verursachen. Vor allem ist es deine Seele, die den Körper „ablehnt", ihn als zu niedrig schwingend empfindet und nicht zur Integration bereit ist. Und jegliche weitere Erfahrung, die für dich mit unguten Gefühlen und Gedanken verbunden ist, wird zur Bestätigung, um aus dem Körper zu „fliehen".

Erst wenn du absolut integriert bist und deine Seele deinen Körper vollständig bewohnt, kannst du ganz bei dir sein und dieses Leben mit Tatkraft und Liebeskraft schöpferisch und konstruktiv meistern. Dann wirst du ein harmonisch Liebender/eine harmonisch Liebende sein und das Leben so, wie es ist, lieben und aktiv gestalten. Im anderen Fall bist du ständig krank, erschöpft, kraftlos, traumatisiert und fühlst die Diskrepanz zwischen deinem heiligen Körper, deiner heiligen Seele und deinem heiligen geistigen Bewusstsein.

Es ist ganz einfach, Körper, Geist und Seele miteinander zu verschmelzen. Du kannst es bequem im Sitzen tun.

Lies die folgende Übung gut durch, schreibe dir den Text auf einen Zettel und führe die Übung mindestens einmal wöchentlich durch. Lass sie einfach wirken. Es kann sein, dass du zunächst nicht viel bemerkst, fühlst oder feststellst. Manchmal dauert es eine Weile, bis spürbare Veränderungen eintreten. Es kann aber auch sehr schnell gehen.

Die Verschmelzungsübung

Ziehe deine Schuhe aus (Socken können anbehalten werden), setze dich bequem auf einen Stuhl mit Lehne und stelle die Fußsohlen fest auf den Boden. Lehne dich an, sodass du gut sitzen kannst.

Lege nun beide Hände auf deine Oberschenkel, die geöffneten Handflächen zeigen nach oben. Deine Augen bleiben geöffnet. Du bist und bleibst präsent. Falle nicht in Meditation. Bleibe wach und aufmerksam.

Der Zettel mit folgendem Text liegt auf deinen Knien, sodass du ihn gut lesen kannst.

Lies nun laut vor:

„Ja, ich will meinen Körper mit meiner Seele und meinem geistigen Bewusstsein verschmelzen.

Mit Gottes Hilfe soll es geschehen.

Ich bitte um Gottes Segen.

Ich bitte um Gottes Liebe.

Gottes Liebe fließt durch mich, bringt mir alle meine verlorenen Seelen- und Bewusstseinsanteile zurück und integriert sie in meinem Körper.

Gottes Liebe sorgt für eine gleichmäßige Schwingung.

Mein Körper, meine Seele und mein Geist schwingen jetzt harmonisch miteinander.

Ich liebe es zu spüren, wie mein heiliger Körper, mein heiliges geistiges Bewusstsein und meine heilige Seele eins sind.

Mit Gottes Liebe und Segen geschieht es jetzt auf harmonische Art und Weise zu meinem höchsten Wohl.

Ich danke für die Verschmelzung.
Ich bin bereit, sie anzunehmen und jetzt zu empfangen.
Es geschieht in Liebe.
Es geschieht jetzt!"

Bleibe noch mindestens drei bis fünf Minuten so sitzen. Deine Augen sind weiterhin geöffnet. Du bist präsent im Hier und Jetzt. Nimm wahr, wie du Gottes Liebe aufnimmst. Die geöffneten Handflächen helfen dir dabei. In dich fließt göttliches Licht. Gott nährt dich mit Liebe.

Gott bringt dir deine verlorenen Seelenanteile zurück. Wo und wann auch immer du sie verloren hast, sie werden wieder in dir integriert. Du musst nicht wissen, welcher Schicksalsschlag sie dir hat abhandenkommen lassen. Gott bringt sie dir zurück. Jetzt! Sei dir gewiss, dass es geschieht. Lass den Prozess einfach geschehen.

Dann strecke dich, steh auf und trinke reichlich Wasser oder Tee.

☆☆

Diese Übung erinnert ein wenig an schamanische Seelenrückholungen. Das ist wahr, und doch geht sie weit darüber hinaus, denn du musst nur um die Verschmelzung bitten. Sie geschieht. Gott lässt sie durch dich geschehen. Du benötigst keine fremde Hilfe, keine Trommelbegleitung, keine Wesenheiten oder Krafttiere, die dir beistehen. Gott wirkt in dir und durch dich. Dein eigenes göttliches Sein übernimmt den Prozess. Die Verschmelzung findet statt. Sofort.

Es kann gut sein, dass du währenddessen nichts bemerkst. Du sitzt einfach nur da, sprichst den Text und bleibst präsent. Danach gehst du zum Tagwerk über, wie immer. Und doch ist die Übung wirksam. Manchmal zeigen sich die spürbaren Merkmale erst später, nachts im Traum, am nächsten Tag oder sogar erst einige Tage später.

Es ist aber auch möglich, dass dein Körper schon während der Übung sehr stark reagiert. Diese Reaktionen können angenehm oder seltsam, manchmal auch ungewohnt oder sogar unangenehm sein.

Unangenehme Reaktionen bedeuten, dass nun gleichzeitig ein Entgiftungs- und Reinigungsprozess in Gang gesetzt wurde. Keine Sorge. Dein Körper optimiert und harmonisiert sich selbst. Körper, Geist und Seele kooperieren auf dem besten Weg. Du hast um Harmonie gebeten, und so ist es. Alles geschieht so, wie es für dich gut und richtig ist.

Wenn du intensive Reaktionen hast, ist das gut. Es ist dein Weg. Wenn du nichts spürst, ist das auch gut. Es ist dein Weg.

Warte eine Woche und wiederhole die Übung. Spüre dann genau, was jetzt anders ist. Deine Reaktionen werden jedes Mal individuell und verschieden sein. Das ist normal.

Ab sofort führst du die Übung mindestens einmal pro Woche durch, während krisenreicher Zeiten auch öfter. Denn es kann immer wieder geschehen, dass sich Seelenanteile lösen. Ein einziges böses Wort, eine blöde Erfahrung, ein Streit, ein Missgeschick – und schon könnte es geschehen.

Je öfter du die Verschmelzungsübung anwendest, desto weniger werden sich Seelenanteile lösen. Du wirst mit der Zeit immer präsenter im Leben stehen. Freue dich darauf!

Nachstehend noch einmal ein Überblick über mögliche Reaktionen (die Liste ist sicherlich nicht vollständig. Fühle selbst und entdecke deine eigenen Reaktionen.):

- Körperteile oder der ganze Körper kribbelt.
- Es ist, als ob Strom durch den Körper fließt, in Wellenbewegungen, Spiralbewegungen oder gerade fließend.
- Es fühlt sich an, als ob ein Ruck durch den Körper läuft, wenn Körper, Geist und Seele verschmelzen.
- Alles dreht sich, dein Blick verschwimmt, du hörst und siehst für eine Weile nicht mehr gut.
- Ekstatische Gefühle durchziehen den Körper.
- Dir wird heiß oder kalt, du schwitzt oder frierst, du weinst oder lachst – oder alles gleichzeitig.
- Du fühlst dich leicht oder schwer.
- Du fühlst dich plötzlich wie angekommen im Leben.
- Du fühlst dich so, als ob du gewachsen bist – größer und stärker.
- Es rüttelt und schüttelt dich.
- Es ist schmerzhaft, so, als ob Matchbox-Autos zusammenstoßen.
- Dein Herzschlag beschleunigt oder beruhigt sich, dein

Blutdruck steigt oder senkt sich.
- Dir ist schlecht und/oder schwindelig.
- Bestimmte Körperteile fühlen sich heiß oder eisig kalt an.
- Du musst stark husten oder niesen, deine Augen tränen.
- Du hast plötzlich starken Hunger und/oder Durst.
- Deine Haut juckt oder spannt.
- Du fühlst dich, als ob eine Last von dir genommen worden wäre.
- Du fühlst dich euphorisch und aufgekratzt.
- Du könntest Bäume ausreißen.
- Du empfindest Glück, Freude und Seligkeit.
- Festgehaltene Emotionen lösen sich.
- Deine Sinne schärfen sich, du bist plötzlich hellsichtig, hellwissend, hellfühlend oder hellhörend.
- Du fühlst dich eins mit Gott und der Welt und spürst, dass Gott in dir ist und dich mit Liebe versorgt.
- Du fühlst dich endlich genährt, wohl, satt und erfüllt.

„Gebrauchsanweisung" für das Lieben

Du hast nun die ersten Schritte getan und deine Seele mit deinem Körper und deinem geistigen Bewusstsein integriert. Nun folgenden die nächsten Schritte als Liebender/Liebende.

Du hast die Übung schon einmal im Ansatz gelesen, als Beispiel in der U-Bahn. Diese Übung hilft dir, ganz und gar ein Liebender/eine Liebende zu sein.

Hier also noch einmal die Basisübung für das Lieben. Es ist ganz einfach. Anfangs wirst du eventuell ein wenig Zeit benötigen, um dich einzustimmen. Später – je öfter du geübt hast – wirst du aus dem Moment heraus das Lieben anwenden können. Es funktioniert am besten mit einem zielgerichteten Liebes-Lichtstrahl aus deinem Herzen. Einen Lichtstrahl der Liebe aussenden kann jeder Mensch. Es ist die einfachste und praktikabelste Art, das Lieben konkret und anwendbar zu machen. So kannst du dir unter dem Akt des Liebens etwas vorstellen und es konkret in deinem Leben anwenden.

Also starte jetzt und freue dich auf das Lieben.

Die Grundübung für das Lieben

Atme einige Male tief ein und aus und spüre, wie du innerlich zur Ruhe kommst. Sei dir der Liebe Gottes bewusst, die dich nährt. Du kannst mit deinen Liebesstrahlen verschwenderisch umgehen. Es ist genügend da, weil Gott in dir ist und in dir wirkt. Um das noch einmal zu spüren, stell dir vor, wie fließendes, göttliches, nährendes Licht in deinen Körper eindringt und alle deine Körperzellen auftankt. Du bist voller Liebe.

Lenke nun deine Gedanken, deine komplette Aufmerksamkeit zu deinem Herzen. Wenn es dir leichterfällt, lege eine Hand auf dein physisches Herz oder auf das Herzchakra in der Mitte über dem Brustbein. Du kannst auch die Augen schließen, um dir den nun folgenden Liebesstrahl besser vorzustellen.

Stell dir nun vor, wie aus deinem Herzen ein schöner Liebesstrahl fließt. Dieser kann weiß sein, durchsichtig oder farbig. Welche Möglichkeit ist spontan für dich richtig? Schau ihn mit deinen inneren Augen an, deinen wunderschönen Liebes-Lichtstrahl.

Es kann auch sein, dass dein Strahl glitzert, lecker riecht oder intensiv leuchtet. Eventuell ist er warm und weich, oder er fühlt sich klar und fest an. Vielleicht schwingt er in Wellen und Spiralen, oder er fließt gerade, direkt aus deinem Herzen heraus.

Sobald du dir bei der Konsistenz deines Liebesstrahls sicher bist, lenke deine Aufmerksamkeit in den Raum. Gibt es ein besonderes Ziel, das du mit deinem Liebesstrahl versorgen willst? Vielleicht eine dunkle Ecke oder das alte Sofa? Oder den ganzen Raum?

Stell dir nun vor, wie dein persönlicher Liebesstrahl den Raum ausfüllt, erhellt, beglückt und tief berührt. Deine Liebesstrahlen werden empfangen. Du bist ein Liebender/ eine Liebende. Du liebst den ganzen Raum. Dein Zeichen, deine Aktion, dein Lieben ist der Liebesstrahl.

Wenn du das Gefühl hast, genügend Liebe ausgesandt zu haben, beende die Übung und lass den Liebesstrahl wieder in deinem Herzen zu Hause sein."

Wie fühlst du dich jetzt? Wie war es für dich, Liebe auszusenden? Was hat sich in deiner Wahrnehmung verändert? Was hat sich in deinem Bewusstsein verändert? Wie fühlt sich diese Veränderung an?

Beantworte dir diese Fragen behutsam und ehrlich. Fühle in dich hinein und übe immer wieder das „Aussenden von Liebe".

Das Schöne ist: Lieben kostet keine Kraft, sondern schenkt dir wieder Kraft, weil es gleichzeitig auch immer dich nährt.

Die bewusste Selbstliebe-Übung

Einmal wöchentlich solltest du die Verschmelzungsübung für Körper, Geist und Seele anwenden. Daneben steht dir die Selbstliebe-Übung jederzeit zur Verfügung. Solltest du selbst Liebesstrahlen benötigen, weil du dich gerade erschöpft, müde, körperlich angespannt oder seelisch ausgelaugt fühlst (oder einfach nur so zum Spaß), kannst du dich bewusst nähren. Denn es ist immer Gott, der dich nährt, wenn du dich selbst nährst.

Wisse, dass immer genug Energie da ist, wenn du dich selbst nährst, denn du wirst gespeist aus Gottes Liebe. Richte deshalb deinen Liebesstrahl auf dich. Das geht am besten, wenn du dir vorstellst, dass der Strahl aus deinem Herzen fließt und dann direkt um dich herum.

Atme wieder einige Male bewusst ein und aus. Stell dir vor, wie ein Strahl der nährenden Liebe Gottes in deinen Körper eindringt. Gottes Liebe trägt dich. Nun kannst du lernen, aus dieser unendlichen Quelle der Kraft zu kosten. Gott ist in dir. Sei dir dessen immer bewusst.

Richte nun deine Aufmerksamkeit auf dein Herz. Lass aus deinem Herzen den Liebesstrahl herausströmen. Dein eigener Liebesstrahl hüllt dich jetzt komplett ein, indem er sich aufteilt und dich liebevoll umgibt. Er berührt deine Aura, deinen Körper, deine Gedanken und Gefühle. Er fließt überallhin, wo du ihn brauchen kannst. Wenn du zum Beispiel eine schmerzende Körperstelle hast, kannst du direkt dorthin deinen Liebesstrahl richten.

Beende die Übung, wenn du dich erfüllt und satt fühlst. Du bist jetzt wohlgenährt und voller Kraft. Danke Gott für diese Liebeserfahrung der Selbstliebe.

Die Personen-Liebesübung

Du kannst deinem Liebesstrahl stets ein konkretes Ziel geben, wenn du weißt, dass jemand liebgehabt werden möchte. Diese Person braucht davon nichts zu wissen, sie muss noch nicht einmal physisch anwesend sein. Du nährst sie mit Gottes Liebe aus purer Freude und Nächstenliebe heraus. Du bist ein Liebender/eine Liebende.

Atme einige Male tief ein und aus. Komm zur Ruhe und stell dir vor, wie Gott dich mit Liebesstrahlen umhüllt, sodass alle deine Körperzellen auftanken können. Du bist komplett durchdrungen von Gottes Liebe.
Nun lenke deine Aufmerksamkeit in dein Herz und stell dir einen Strahl der Liebe vor, der aus dir herausfließt und direkt zu dem Menschen, der nun genährt wird.
Sieh in Gedanken, wie der Liebesstrahl das Herz deines Gegenübers berührt und sanft hineinfließt. Sieh in Gedanken, wie der ganzen Körper deines Gegenübers mit dem Liebesstrahl versorgt wird, bis alles leuchtet und erhellt ist. Gib deinem Liebesstrahl die nötige Konsistenz. Lass ihn glitzern oder gut duften. Gib ihm Farbe und Bewegung, wenn es sein soll.
Bekommst du innerlich die Botschaft, dass es genug ist, dann beende die Übung in Liebe und Dankbarkeit. Sprich: „Ich bin dankbar, dass ich dir Liebe schenken konnte und dich mit Gottes Liebe versorgen durfte."
Atme noch einige Male tief ein und aus, bevor du deine Alltagstätigkeiten wieder aufnimmst.

Weitere Liebesübungen

Alle Liebesübungen verlaufen nach dem gleichen Schema. Du stellst dir zunächst den göttlichen Strahl der Liebe vor, der dich durchflutet – die Gewissheit, dass Gott dich nährt. Dann lenkst du deine Aufmerksamkeit in dein Herz, lässt dort einen wunderschönen Strahl in einer herrlich angenehmen Konsistenz entstehen und richtest ihn zielgerichtet auf alles, was dir begegnet. Auf diese Weise liebst du und schenkst Liebe. Du lässt sie konkret überall hinfließen.

Für Tiere und Pflanzen:
Bei Tieren und Pflanzen lohnt es sich, direkt in Kontakt zu treten. Das heißt, du setzt dich vor die Pflanzen oder begibst dich zu dem Tier/den Tieren. Berühre die Pflanzen und/oder Tiere, wenn möglich. Natürlich ist es jederzeit möglich, die Liebesübung in Gedanken auszuführen, wenn Tiere und Pflanzen nicht in deiner Reichweite sind.

Für Gegenstände:
Dein Sofa, dein Auto, dein Computer, dein Bett, deine Bücher und alles, was dich an Gegenständen umgibt, kann mit Liebe bedacht werden. Deine Liebesstrahlung kann alles durchdringen und wird dafür sorgen, dass du achtsamer und behutsamer mit den Dingen umgehst. Dadurch werden sie dich auch länger erfreuen und nicht so schnell kaputtgehen.

Für Lebensmittel:

Bestrahle deine Lebensmittel mit Liebe, und sie werden schmackhafter und bekömmlicher sein. Das fängt schon beim Einkaufen an. Bei der Zubereitung der Speisen, beim Aufräumen und Verteilen im Kühlschrank ist ebenso ein Liebesstrahl nützlich. Vor allem: Bedanke dich bei den Pflanzen und Tieren für ihr Leben, das sie für dich gegeben haben, damit du leben kannst und satt wirst. Gehe achtsam mit jeglichen Lebensmitteln um.

Für Situationen:

Hast du Streit oder gibt es ungeklärte oder belastende Situationen in deinem Leben, dann bestrahle auch sie mit Liebe. Stell dir dazu die Situation vor wie im Kino. Du siehst die Szene, die dich belastet und der Heilung bedarf. Sieh dich und die betreffenden Personen darin und sieh die Handlung dazu. Bestrahle nun dich und die Personen nacheinander mit deinem Liebesstrahl. Bestrahle den Raum, in dem sich die Szene abspielt, und die Umgebung. Bestrahle die Handlungsweise und das gesamte Vorgehen in dieser Situation. Schick Vergebung und Dank in die Situation. Selbst wenn dich die Situation nicht betrifft, sondern Menschen aus deiner Familie, aus deinem Freundeskreis oder gar fremde Personen, kannst du den Liebesstrahl in die Situation senden und alle dir bekannten Personen bestrahlen. Zum Beispiel bei Umweltkatastrophen, Bankenkrisen, globalen Ängsten, Hungersnöten, Missbrauch und Amokläufen – überallhin kannst du Liebe senden. Sprich dazu laut: „Ich danke, ich vergebe, ich heile, ich liebe. In diese Situation und zu allen Beteiligten fließen Dank, Vergebung, Heilung und Liebe."

Für Vergangenheit und Zukunft:

Du kannst dich jederzeit gedanklich in die Vergangenheit begeben und dort Heilung bewirken, wenn du dir die damalige Situation wie im Kino anschaust und deinen Liebesstrahl dorthin richtest, nach der gleichen Anleitung wie für alle gegenwärtigen Situationen. Das gilt auch für frühere Leben. Sobald dir ein früheres Leben bewusst ist, das dir heute noch Probleme bereitet, sende in die Situation den Liebesstrahl. Bei Zukunftsvisionen kannst du dir eine Wunschszene vorstellen, die dir Erfüllung bringt, und sie mit deinem Liebesstrahl bestrahlen. Sieh dich in einem Beruf, der dich erfüllt, mit Menschen zusammen, die dich bereichern, und natürlich mit einem liebenden Partner. Kreiere ebenfalls positive Zukunftsvisionen für die gesamte Menschheit und sende deinen Liebesstrahl dorthin.

Für Völker und Nationen:

Noch gibt es auf der Erde Nationen, die hungern, politisch unterdrückt sind und in denen Gewalt und Terror vorherrschen. Auch in deinem eigenen Land, deinem Bundesland, deinem Landkreis oder deiner Gemeinde gibt es manchmal Schwierigkeiten, Kriminalität, Hindernisse, Blockaden und Erstarrungen. Sende der gesamten Nation, dem Landstrich und dem Volk oder deiner Heimat, deiner Stadt oder deinem Dorf deinen Liebesstrahl. Praktischerweise kannst du dich dazu vor einen Globus setzen oder vor eine Landkarte, falls es dir dann leichterfällt. Du kannst dir gleichzeitig die Menschen in diesem Land vorstellen, die Regierung und Verwaltung. Sende allen Politikern, dem Gemeinderat, den Beamten, der Polizei, den Lehrern und Ärzten und den zahlreichen Angestellten in öffentlichen Einrichtungen deinen Liebesstrahl. Bedanke dich für die Verwaltung und den Einsatz, den Menschen bringen, um eine Region zu regieren und zu verwalten.

Für unseren Planeten:

Wenn du den ganzen Planeten bestrahlst, kannst du nichts falsch machen. Die Erde braucht dich. Ja, dich! Setze dich vor einen Globus oder stell dir die Erde vor, wie du sie aus dem Weltraum betrachtest. Hülle sie ein mit deinem Liebesstrahl und bedanke dich, dass du auf ihr leben darfst.

Für das gesamte Universum:

Warum nicht gleich das ganze Universum bestrahlen? Gottes Schöpfung braucht jeden Einzelnen! Jeder Stern, jeder Mond, alles im Makro- und Mikrokosmos kann die Liebesstrahlung brauchen. Deshalb nimm dir die Zeit, hin und wieder die gesamte Schöpfung und das ganze Universum zu bestrahlen. Am schönsten ist die Übung, wenn du sie unter dem Sternenzelt ausführst, direkt im Freien, wenn die Sterne glitzern. Aber du kannst dir natürlich jederzeit das Universum gedanklich vorstellen und deinen Liebesstrahl in Raum und Zeit senden.

Mit Berührungen arbeiten:

Wenn du Menschen, Tiere, Pflanzen und Gegenstände berührst, während du sie bestrahlst, wirst du eine innigere Beziehung zu ihnen aufbauen. Das wird dir ein besonderes Gefühl für die strahlende Liebe verleihen. Entscheide selbst, wann du wen berühren kannst. Bei Tieren und Pflanzen ist das meistens mühelos. Aber auch Gegenstände kannst du gerne in die Hände nehmen. Bei Menschen ist es vor allem bei Babys, Kleinkindern, älteren Menschen und Kranken wichtig. Bei allen anderen nur, wenn es für sie angenehm ist und sie Bescheid wissen, worum es geht.

Wer die neuen Seelen- und Herzenspaare sind

Nun hast du die Verschmelzung von Körper, Geist und Seele gelernt und die einfachste und praktikabelste Form des Liebens. Übe weiter zu lieben, sende deine Liebesstrahlen aus, denn so bereitest du dich vor, ein Seelen- und Herzenspartner zu werden und einem zu begegnen.

Welche Art der Verbundenheit kennzeichnet die neuen Seelen- und Herzenspaare? Auf welche Weise sind ihre Seelen miteinander verwoben? Kann jeder einem anderen Menschen ein Seelen- und Herzenspartner sein?

Die Antwort ist ganz einfach: Schon heute ist es möglich, dass jeder ein Seelen- und Herzenspartner ist oder wird. Es liegt am Lieben. Das Lieben macht dich zu einem Seelen- und Herzenspartner.

Diesbezüglich finden große Veränderungen statt. Das heißt, im Augenblick gibt es noch viele Menschen, die noch nicht die Herzens- und Liebesenergie in sich entwickelt haben. Aber es wird ihnen bald bewusst, und dann sind sie auf dem Weg, ein wahrer Seelen- und Herzenspartner zu werden.

Die Zukunft wird jetzt schon bereitet. Sie ist im Werden. Lichtvolle Liebesenergien werden in vielen Herzen ankommen und das menschliche Miteinander revolutionieren. Der Prozess der Freude hat bereits begonnen.

Liebstes Menschenkind, du kannst dich freuen, denn du wirst dazu beitragen, dass es immer mehr Herzens- und Seelenpartnerschaften geben wird.

Im Augenblick sind es folgende Seelen, die den Anfang machen und sich zu Seelen- und Herzenspartner zusammenfinden.

1. Dualseelenpaare

Allen voran sind die Dualseelenpaare, die die tiefe Liebe, die Kraft und die Bewusstheit in sich spüren, eine Seelen- und Herzenspartnerschaft zu führen. Das Erkennen der Dualseele in einem anderen Menschen gehört zu den wunderbarsten Momenten im Leben. Eine Dualseele ist eine Seele, die in zwei (manchmal auch in mehreren) menschlichen Körpern existiert. Ursprünglich war sie eine einzige Seele im Traum Gottes. Das duale Prinzip der Welt führte dazu, dass sich die Seele in mindestens zwei Hälften teilte.

Nicht immer sind beide Seelenteile zur selben Zeit inkarniert, doch im Zuge der Weiterentwicklung und Bewusstwerdung des Menschen finden sich immer mehr Dualseelen, die eine harmonische Partnerschaft eingehen können und miteinander zum Wohl der Menschheit auf Erden tätig sind.

Es geht ihnen dabei nicht (mehr) um die Erfüllung egoistischer Motive, von einem „Besitzen-Wollen" des anderen oder um den Ausgleich eines Mangels, den der Partner kompensieren soll.

Dualseelen erkennen sich, um zur eigenen und gleichzeitig zur Freude der Menschheit zu agieren. Ihre Beziehung steht immer unter dem Aspekt der Nächstenliebe und des tatkräftigen Einsatzes für die Schöpfung. Dualseelenbeziehungen sind magische Beziehungen voller Erfüllung, gelebter Medialität, Freude, Glückseligkeit und dem Wunsch, die paradiesische Einheit im Geist Gottes schon ein Stück im jetzigen Leben zu erfahren.

2. **Karmische Paare, die ihre karmische Verstrickung überwunden haben**
Es ist durchaus möglich, mit einem karmischen Partner zusammen zu sein, um etwaige Versprechungen aus früheren Leben einzuhalten, Wunden und Verletzungen zu heilen und destruktive Erfahrungen zu überwinden. Und um Ausgleich zu schaffen und wieder in die Balance zu kommen.
Ist die karmische Verstrickung bewusst gemacht und erlöst, steht einer Herzens- und Seelenpartnerschaft nichts mehr im Weg, wenn liebende Energie in die Beziehung gesandt wird.
Meistens ist es aber noch so, dass sich die Partner trennen, sobald sich die karmische Verstrickung gelöst hat, weil nichts Substanzielles mehr vorhanden ist, das die Beziehung stärkt und trägt. Eine tiefe Liebe muss erst als neues Verbindungelement entdeckt werden. Aber warum nicht?
Es ist also möglich, sich plötzlich auf neuem Terrain zu begegnen und sich mit anderen Augen zu sehen. Bestehende Beziehungen können auf diese Weise wun-

dersam verändert werden und zu wirklich liebenden Partnerschaften werden.

Sind sich beide Partner ihrer tiefen, göttlichen Liebesverbundenheit bewusst, können sie in Zukunft ein erlöstes Leben als Herzens- und Seelenpartner führen.

3. Tief verbundene Paare im Auftrag Gottes

Wer in seinem Leben einen höheren Sinn sieht und es als Diener Gottes ganz in den Auftrag von Gottes Schöpfung stellt, wird nicht selten von geistigen Wesenheiten, Engeln und Meistern zu einem Partner geführt, der sein Leben ebenfalls im Auftrag Gottes lebt.

Auch wenn die Partner keine Dualseelen sind und kein gemeinsames Karma mit sich tragen, reicht der Aspekt, bewusst im Dienst der Schöpfung zu sein, um zu einem lichtvollen Seelen- und Herzenspaar zu werden. Die gemeinsame Liebe wird durchdrungen von der Liebe zu Gott und den Lebensaufgaben im Dienst der Schöpfung. Sie kann so tief und innig sein wie bei Dualseelenpartnern, denn das Licht Gottes nährt diese Beziehung.

Oft sind diese Seelen in einer ihrer letzten Inkarnationen hier auf der Erde. Zum Wohl der Menschheit agieren sie mit einem Partner, der ebenfalls das Wohl aller über egoistische Motive stellt.

In früheren Zeiten blieb diesen Seelen meistens nur der Weg als Nonne oder Mönch, da es keine Alternative gab, Gottes Weg auch innerhalb einer Partnerschaft zu gehen. Heute ist es möglich, das Himmlische und Irdische zu verbinden und im Alltag innerhalb einer Beziehung zu leben. Wie immer ist die persönliche Bewusstheit ausschlaggebend für eine erfüllende Seelen- und Herzenspartnerschaft.

4. Freiwillig inkarnierte Paare

Diese Paare befinden sich freiwillig im irdischen Leib auf der Erde. Sie haben ihre Inkarnationszyklen beendet und sich dennoch bereiterklärt, zum Wohl der Schöpfung und Menschheit noch einmal „zurückzukehren".
War es ihnen in früheren Zeiten fast nur möglich, als weise Eremiten oder alleinlebend auf sich aufmerksam zu machen und zu wirken, können sie heute die Energie einer Partnerschaft nutzen, um miteinander und mit vereinter Seelenkraft lichtvolle Heilung auf die Erde zu bringen.
Es werden immer mehr Seelen, die ihre Inkarnationszyklen beendet haben und der Erde beim lichten Aufstieg zur Seite stehen.
Freiwillig inkarnierte Seelen kennen nichts außer der Liebe Gottes. Sie haben ein freundliches Gemüt, sind großherzig, weise, verständnisvoll und übernehmen oft eine führende Rolle voller Tatkraft und Liebe. Unermüdlich sind sie für andere da, machen Mut und Hoffnung, helfen und heilen. Ihr Leben ist komplett spirituell ausgerichtet. Auch wenn ihnen die irdischen Erfahrungen in einem menschlichen Leib nicht fremd

sind, steht ihr Leben komplett im Dienst Gottes.

Diese Paare haben noch mehr als andere einen gemeinsamen Auftrag, den es zu erfüllen gilt. Ihnen ist bewusst, dass sie freiwillig hier sind. Gemeinsam sind sie wie irdische Engel, immer im Einsatz für die göttliche Schöpfung, für Licht und Liebe.

5. Die gemixten Paare

Diese Paare machen die größte Gruppe aus und bilden sich aus den beiden letzten genannten Paarkonstellationen. Sie sind also außer den Dualseelenpaaren und den karmischen Partnern, die ihr Karma miteinander überwunden haben, ein Gemisch aus den freiwillig Inkarnierten und denen, die im Auftrag für die Menschheit hier sind, aber noch vorher karmische Muster zu bearbeiten haben oder hatten.

Gebet

Gott bereitet mich vor.
Gottes Liebe umgibt mich.
Gottes Liebe nährt mich und erfüllt mich,
um ein Liebender/eine Liebende zu sein
und meine irdische Erfüllung innerhalb
einer Seelen- und Herzenspartnerschaft zu finden.
Ich bereite mich selbst in Liebe vor.
Auf dich, geliebter Partner.
Ich liebe.
Ich liebe mich.
Ich liebe dich.
Gottes Liebe wird uns zusammenführen
in tiefer, vollendeter Liebe.

Wie Seelen- und Herzenspaare sind

Allen Seelen- und Herzenspaaren ist eines gemeinsam: Sie leben bewusst! Sie interessieren sich nicht nur für Spiritualität und Weisheit, sondern sie leben spirituell und sind weise. Ihr Alltag ist erfüllt davon. Jeder der Partner ist sich dieser Tatsache bewusst und lebt spirituell. Das heißt, dass ihr ganzes Leben, alles Denken, Fühlen und Tun von göttlicher Liebe, Spiritualität und Bewusstheit geprägt ist.

Seelen- und Herzenspaare sprechen nicht nur darüber, sie leben es! Mit jeder Faser ihres Daseins, mit jeder Zelle ihres Körpers, mit jeder Tätigkeit in ihrem Alltag, mit jedem Gedanken und Gefühl leben sie die Liebe. Sie leben sie so sehr, dass alles andere unwichtig ist.

Sie sind Liebende! Sie senden also ständig Liebesstrahlen zur gesamten Menschheit und überallhin. Das ist spürbar! Und zwar für alle! Deshalb ist es so großartig, einem Seelen- und Herzenspaar zu begegnen.

Selbst wenn man nur einem Partner begegnet und nicht weiß, wer der andere Partner dieses Seelen- und Herzenspaares ist, ist der spürbare Liebesfluss gigantisch wahrzunehmen.

Sicher, Seelen- und Herzenspaare sind immer noch Menschen und menschlichen Bedürfnissen unterworfen. Sie müssen schlafen, essen, auf die Toilette gehen, sich waschen und anziehen. Sie haben ab und zu Kopfschmerzen, schlechte Laune oder verspüren Müdigkeit und Erschöpfung. Sie leben ein Menschenleben in einem menschlichen Körper mit allem Drum und Dran. Aber all das können sie innerlich auch loslassen, es vorbeigehen lassen, es aktiv angehen, verändern oder sein lassen. Sie lieben es nämlich, einen menschlichen Körper zu haben und achten ihre Bedürfnisse, ohne von ihnen abhängig zu sein. Sie sind sich ihrer Menschlichkeit bewusst und achten sie.

Das heißt: Sie essen zum Beispiel mit Bedacht und bewusst, statt sich mit ungesunden Lebensmitteln vollzustopfen. Sie kennen ihre Schwächen und Fehler und arbeiten an sich mit Humor. Sie führen ein ausgeglichenes Leben und akzeptieren, dass zum Menschsein auch negative Gefühle, Frust, Erschöpfung oder mal üble Gedanken gehören. Doch alles, was nicht guttut und nicht von Liebe geprägt wird, wird wahrgenommen, angenommen und schließlich losgelassen, um verändert zu werden.

Seelen- und Herzenspaare lieben es, Mensch zu sein. Sie wollen das Irdische nicht überwinden oder hinter sich lassen. Sie lieben es, alles Irdische zu erleben. Und zwar wirklich alles! Sie kennen die Verschmelzungs- und Liebesübungen, und so lieben sie auch die negativen Erfahrungen wie Krankheiten und Krisen, weil sie erkennen, dass auch diese zum Menschsein gehören, auch wenn sie anstrengend sind. Sie sind dankbar, ein Mensch zu sein und irdische Erfahrungen zu machen.

Das ist der große Unterschied zu allen anderen!

Alle anderen hassen es, krank, schlecht gelaunt, arm, Krisen unterworfen, emotional auf der Achterbahn der Gefühle und diesem Leben regelrecht ausgeliefert zu sein. Sie fühlen sich ohnmächtig und wollen „nach Hause". Sie wollen sterben, den Leib hinter sich lassen, das Leben hinwerfen, das Irdische überwinden, sich wegmeditieren usw.

Seelen- und Herzenspaare kennen Leid und Schmerz ebenfalls. Aber sie bleiben nicht darin verhaftet. Sie wenden sich immer wieder der Liebe zu und werden täglich aufs Neue zu Liebenden. Immer wieder. Unermüdlich.

Sie segnen ihr Dasein und sind dankbar, was auch immer geschehen mag. So akzeptieren sie den Ist-Zustand und machen sich daran, einen neuen, angenehmeren Ist-Zustand zu kreieren.

Sie sind Liebende und Schöpfer, erschaffen sich das Dasein neu und gestalten ihre Welt mit Liebe. So gut es im Irdischen eben geht. Wenn es sein muss, täglich aufs Neue. Dabei hilft es, sich der Liebe Gottes stets bewusst zu sein. Du bist ein Kind Gottes! Gott ist immer in dir!

Alles ist im Fluss, wenn man bewusst lebt und die Liebe Gottes in sich wirken lässt. Dann ist man voller Gnade, auch sich selbst gegenüber.

Je mehr ein Mensch die Liebe Gottes in sich trägt und wirken lässt, desto ausgeglichener ist er. Er wirkt auf seine Mitmenschen ruhig und besonnen, durchdrungen von Dankbarkeit und stiller Freude. Man ist gerne mit ihm zusammen, sucht seine Nähe, lässt sich von ihm beraten und trösten und genießt die Aufmerksamkeit und Liebe, die er einem schenkt. Er ist ein guter Zuhörer und versteht, was den anderen bewegt. Einfühlsamkeit und ehrliches Mitgefühl sind seine herausragenden Eigenschaften. Aber er kann auch praktisch sein, mit anpacken und einem tatkräftig zur Seite stehen. Und auch mal „Nein" sagen, wenn es angebracht ist.

Bewusst lebende Menschen, die die Liebe Gottes in sich tragen und leben, sind leuchtende Vorbilder, lichtvolle Ratgeber, weise Führer und Heiler. Vor allem aber sind sie Liebende. Sie lieben so sehr, dass es jeder in ihrem Umfeld spüren kann. Selbst jemand, der unbewusst lebt, krank, depressiv, unausgeglichen und voller Selbsthass ist, wird von dieser Liebe berührt und kann Teile davon in sich aufnehmen.

Allein das Zusammensein mit einem Liebenden kann alles verändern, denn der Liebende wartet nicht darauf, dass er geliebt wird, er weiß es, weil er die Liebe Gottes in sich trägt. Er ist die Liebe Gottes. Das ist ihm bewusst. Diese Bewusstheit macht stark und schenkt irdische Energie. Der Liebende liebt und wird so zur strahlenden Kraft. Er liebt und liebt und liebt.

Die Liebe lässt ihn strahlen. Das Strahlen wird von anderen wahrgenommen, denn es erhellt das Dunkle, das viele Menschen mit sich herumtragen, die sich der göttlichen Liebe in ihrem Inneren (noch) nicht bewusst sind.

Klar, wenn jemand kraftvoll und liebend strahlt, strahlt er auch keine Bedürftigkeit aus, sondern göttliche Liebe, mit der andere, die diese göttliche Liebe ebenfalls bewusst in sich spüren, in Resonanz gehen können.

So können Seelen- und Herzenspaare zueinanderfinden – über das Strahlen der göttlichen Liebe.

☆☆☆

Gebet

Ja, ich bin ein Liebender/eine Liebende.
Ich strahle Liebe aus,
wo auch immer ich bin,
was auch immer ich tue,
mit wem ich auch immer zusammen bin,
wer auch immer gerade an meiner Seite ist.
Ich liebe.
Meine Liebesstrahlen berühren mich.
Meine Liebesstrahlen berühren dich.
Ich liebe.
Ich bin erfüllt von der Liebe und vom Lieben.

Wie sich Seelen- und Herzenspaare finden

Seelen- und Herzenspaare gehen in Resonanz mit der ausstrahlenden Liebesenergie. So ziehen sie sich gegenseitig an. Sie strahlen Göttlichkeit, Ganzheit und Bewusstheit aus. Diese hohen, fein schwingenden Liebesenergien sind Qualitäten, die nur dann in Resonanz gehen, wenn das Gegenüber ebenfalls „auf der gleichen Wellenlänge" schwingt.

Die Herzen und Seelen erkennen sich. Die Schwingung ist gleich.

Für beide Partner steht die göttliche Liebe an erster Stelle. Beide schwingen hoch und fein, hell und klar, bewusst und rein.

Sie sind reinen Herzens, leuchtend und strahlend.

Sie sind weder auf der Suche nach einem Partner, der sie ergänzt, noch sehnen sie sich nach dem wahren Gegenstück.

Lies dir diesen Satz noch einmal durch: Die Partner sind nicht auf der Suche nach einem Partner!

Sobald sie nämlich suchen, senden sie einen Mangel aus: „Mir fehlt etwas. Mein spirituelles Gegenstück. Das hätte ich so gerne."

Beide Partner suchen nicht. Sie strahlen aus! Sie lieben! Sie lieben sich selbst, die Welt, die gesamte Schöpfung und Gott in sich und in allem. Und sie strahlen freudiges Sehnen aus. Das Sehnen nach der Einheitserfahrung. Ihre Herzen sind erfüllt davon und rufen es hinaus.

Das Wort „Sehnsucht" ist zwar nicht ideal für das

Gefühl, weil es auch den Begriff „Sucht" enthält, aber es drückt einigermaßen den neugierigen, aufregenden und doch in sich erfüllten Zustand dieses Gefühls aus. Es ist ein freudiges Sehnen voller Gewissheit, dass die Liebe und das Lieben das Höchste sind.

Beide Partner wissen, dass es nichts als die Einheit in Liebe gibt und es schön ist, diese in einem menschlichen Körper zu erleben. Diese wunderbare Sehnsucht ist voller Freude und nicht voller Unerfülltheit. Es ist eine Sehnsucht, die die Erfüllung in sich schon als Gewissheit trägt.

Auch du kennst dieses Gefühl, wenn dir etwas absolut bewusst ist und du es auch weißt. Diese Gewissheit macht so viel Freude und löst dann die erfüllte Sehnsucht aus. Zum Beispiel wenn du weißt, dass du bald in den Urlaub fahren wirst. Du sehnst dich dorthin, bist voller Freude und weißt, dass es geschehen wird.

Und nun finden die Partner zueinander über das Ausstrahlen von Liebe und Bewusstheit. Sie erkennen sich. Es ist ihnen bewusst. Das Erkennen geschieht zum richtigen Zeitpunkt am richtigen Ort.

Sorglos kannst du also alles Suchen loslassen und dich ganz der Liebe widmen. Sei ein Liebender/eine Liebende. Dann geschieht alles nach dem Resonanzprinzip.

Die Liebenden finden sich mühelos. Sie müssen dazu nur am Leben teilnehmen, sich nicht verkriechen, sondern hinausgehen ins Leben. Alles andere findet sich über die Anziehung in Liebe.

Noch gibt es nicht so viele Liebende, die sehr hoch und fein schwingen und Liebe aussenden. Deshalb ist es im Augenblick noch selten, wenn sich zwei finden, die beide in dieser Liebesschwingung sind.

Doch das wird sich bald ändern. Dann wird es für alle Liebenden viel mehr potenzielle Partner geben, weil es viele Liebende gibt, die miteinander schwingen und in Resonanz miteinander sind. Du kannst dann sogar unter mehreren möglichen Herzens- und Seelenpartnern wählen. Mit jedem kannst du die Liebe erleben und einen Dienst zum Wohl der Menschheit leisten.

Wie läuft nun solch eine Begegnung ab?

Stell dir das ungefähr folgendermaßen vor: Du hast eine Einladung zu einer Festivität erhalten. Deine innere Stimme sagt dir, dorthin zu gehen, auch wenn du müde bist. Dir ist bewusst, dass du dorthin musst, um für die Menschen, die du dort treffen wirst, irgendwie da zu sein. Dein inneres Gefühl bestätigt dir das, weil du stets im Auftrag der Schöpfung handelst. Du machst dich also schick, setzt dein strahlendes Lächeln auf und nimmst dir vor, die Leute auf der Feier mit Liebe zu beschenken. Du wirst deine Liebesstrahlen im Raum verteilen und allen über deine wohlwollenden Gedanken und Herzensstrahlen ein wenig Herzenswärme schenken. Noch ahnst du nicht, dass du auf der Feier jemanden treffen wirst, der genauso fühlt und denkt wie du. Du gehst also hin und bestrahlst die fremden Leute mit Liebe. Du liebst. Deine Liebesstrahlen erfassen den gesamten Raum. Plötzlich kommt jemand auf dich zu. In seinem Blick erkennst du, dass eure Begegnung nicht zufällig geschieht. Dein Inneres sagt dir, dass auch er irgendwie strahlt. Seine Liebesstrahlung „hängt" im Raum.

Du nimmst sie wahr, weil du auch so schwingst. Ihr seht euch an und erkennt, dass gerade etwas Besonderes geschieht. Es fühlt sich an, wie nach Hause zu kommen. Eure Herzen und Seelen erkennen sich, und ihr nehmt es wahr. Das freudige Sehnen stellt sich ein. Es ist so spannend, wunderbar und herrlich!

Ihr genießt diese Begegnung und unterhaltet euch. Alles fühlt sich gut und stimmig an. Es gibt keinen Zweifel, dass etwas geschieht, das größer ist als ihr. Ihr tauscht eure Telefonnummern aus und blickt euch beim Abschied noch einmal tief in die Augen. Es gibt keinerlei Erwartungen an den anderen, nur dieses Gefühl der Gewissheit. Und dieses Gefühl könnt ihr einfach genießen. Gottes Wille geschehe. So strahlt ihr weiterhin Liebe aus, was auch immer weiter geschieht. Das Richtige wird sich finden. Und so ist es dann auch, denn ihr sucht den weiteren Kontakt. Beiden ist es bewusst, beide freuen sich, beide sind berührt…

Gebet

Überall, wo ich bin, liebe ich.
Ich liebe das Leben.
Ich liebe mich.
Ich bin die Liebe.
Gott ist in mir und in allen Menschen.
Deshalb ist jeder Mensch, der ebenfalls bewusst liebt, mein Partner.
Ich bin der Seelen- und Herzenspartner.
Ich bin der Liebende/die Liebende.
Und so werden wir zusammengeführt.
Unser Strahlen wird sich finden und vereinen.
Wir werden es wissen, wenn es so weit ist.
Ich liebe.
Ich bin ein Liebender/eine Liebende.
Das alleine genügt.

Ängste und Verletzungen aus früheren Beziehungen

So lange du deine Verletzungen und Beziehungsängste nicht geheilt hast, wirst du für eine wahre Herzens- und Seelenpartnerschaft nicht bereit sein. Der wunderbarste Partner kann dir begegnen, du wirst ihn nicht wirklich erkennen können.

Das ist aber nicht schlimm, sondern zeigt dir einfach, dass noch einiges an Heilarbeit in dir nötig ist. Übe zunächst mit der Verschmelzungsübung von Körper, Geist und Seele und wende die Selbstliebe-Übung an. Lass dir Zeit zum Heilen und Ganz-Sein. Bereite dich vor und werde ein wundervoller Partner für dich selbst, dann wirst du auch vorbereitet für jemand anderen.

Wie es bisher war: Stell dir vor, du hast schon einige Beziehungen hinter dir. Alle scheiterten irgendwie. Einige der Ursachen lagen an dir, andere an deinem Partner, wieder andere an der Gesamtkonstellation, zum Beispiel:

- Deine Angst vor Nähe.
- Die Angst deines Partners vor Nähe.
- Dein Partner hat dich betrogen und du grollst ihm.
- Du hast deinen Partner betrogen und leidest an Schuldgefühlen.
- Du wurdest gedemütigt und missachtet.
- Du hast deinen Partner missachtet.
- Deine Eltern/Kinder/Verwandte/Freunde mochten deinen Partner nicht.

- Du wurdest von den Eltern/Kindern/Verwandten/Freunden deines Partners abgelehnt.
- Ihr hattet verschiedene Vorstellungen vom Zusammenleben, von Werten und Traditionen, Plänen, Zeitmanagement, Ordnung, Geldverwaltung, Kindererziehung, Urlaubsplanung usw.
- Ihr hattet euch nichts mehr zu sagen und habt aneinander vorbeigelebt.
- Der gemeinsame Alltag war langweilig.
- Ihr gingt euch gegenseitig auf die Nerven.
- Du fühltest dich innerhalb der Partnerschaft überfordert/unterfordert.
- Dein Partner fühlte sich innerhalb der Partnerschaft überfordert/unterfordert.

Alle diese Erfahrungen und noch viel mehr bringt jeder Partner mit in eine neue Partnerschaft. Und nun besteht die Angst, dass alle diese Dinge wieder geschehen können, sich wiederholen oder noch schlimmer werden.

Die Folge ist: Du strahlst keine Liebe aus. Du „erinnerst" dich an das Scheitern, das du erlebt hast, und alle deine bisherigen Muster laufen ab. Alles ist wie immer. Dein Liebesfluss ist blockiert. Also bist du vorsichtig, wartest ab, verschließt dein Herz, liegst auf der Lauer und befürchtest das Schlimmste. Oder du traust dir nichts mehr zu. Du verweigerst den nächsten Schritt und unternimmst lieber nichts. Eventuell lässt du alles auf dich zukommen, bist aber misstrauisch. Vielleicht freust du dich auch über eine neue Beziehung, bleibst aber trotzdem verhalten.

Du bringst dich nicht voll und ganz ein. Du liebst nicht.

Voll und ganz einbringen heißt: mit Leib und Seele lieben. Absolut! Total! So sehr!

Voll und ganz einbringen heißt: Komplett alles loslassen, was früher war, und voll und ganz „Ja" sagen zu einer neuen, wunderbaren Erfahrung!

An diesem Punkt kann es sein, dass Erinnerungen an frühere Leben hochkommen. Ihr habt eventuell noch „ein Hühnchen miteinander zu rupfen". Altes Karma will bewältigt werden.

Die gute Nachricht ist: Altes Karma kannst du mit einem Knopfdruck ausschalten. Durch deinen Willen und dein „Ja, ich will lieben". Sende deine Liebesstrahlen in die karmische Situation und heile sie dadurch.

Merke: Alles, was war, ist vorbei. Es hat keine Macht über dich, wenn du es nicht willst. Du kannst es sofort löschen und heilen. Drücke innerlich die „Löschen-Taste" und bestrahle die Situation mit Liebe. Alles, was dich je behindern könnte, ist gelöscht, und du kannst mit glücklichen Augen wieder voll und ganz „Ja" sagen, wie beim ersten Mal.

Gehe zurück in die Unschuld. Mache dein Herz rein und frei. Sei wie ein Kind, das staunend vor dem Leben steht und sich einfach nur freut. So sehr!

Jetzt mal ehrlich: Gibt es irgendeinen Grund, warum du in den „alten Schmerzen" verharren möchtest? Und misstrauisch sein willst? Und dich in acht nehmen willst? Und nicht wirklich alles geben willst? Und dich nicht auf alles einlassen willst?

Es gibt keinen einzigen Grund. Der alte Schmerz behindert dich nur. Er taugt zu nichts mehr. Er war eine Lebenserfahrung, ob in diesem oder in früheren Leben.

Starte neu! Drücke die Löschtaste und richte deine volle Aufmerksamkeit auf die Liebe und das Lieben. Auf dieses herrliche, unverbrauchte, beinahe jungfräuliche und unschuldige Gefühl. Es kann dir nichts geschehen, wenn du liebst.

Dieses Leben ist zwar voller Lebenserfahrungen, aber siehe jede Lebenserfahrung als einzigartig an.

Es ist nicht nötig, dich zurückzuhalten, dich zu zügeln, misstrauisch zu sein, an dich zu halten, abzuwarten, skeptisch zu sein, dein Herz zu verschließen, dich abzukapseln, unentschlossen zu sein, auf die Bremse zu treten usw.

Du kannst Vollgas geben. Einfach so.

Auch auf die Gefahr hin, wieder verletzt zu werden, auf die Nase zu fallen, enttäuscht zu sein, nicht zurechtzukommen oder überfordert/unterfordert zu sein.

Was auch immer, es kann geschehen. Dann war es eben wieder eine Erfahrung. Und gut.

Es gibt ein menschliches Sprichwort: Aus Schaden wird man klug. Da ist was dran. Aber die Folge daraus ist nicht, nichts mehr zu machen, sondern jetzt erst recht. Denn niemand hat eine Garantie für Unverletzlichkeit im Leben. Es gibt keine Sicherheiten in Bezug auf Gesundheit, Schönheit, Perfektion und Unversehrtheit. Und schon gar nicht für Beziehungen.

Das ganze Leben ist wie ein Schleifstein, immer. Aber es kommt darauf an, wie du darüber denkst.

Also bediene die Löschtaste. Mache dein Herz rein und frei. Und liebe. Sende Liebesstrahlen und Heilung aus. Wenn du liebst, bist du unverwundbar!

Es kann um dich herum toben, du liebst einfach weiter.

Liebe! Liebe! Liebe! Was auch immer war und jetzt geschieht: Liebe!

Indem du liebst, veränderst du deine Seelenschwingung. Du wirst lichtvoller. Du schwingst höher und feiner. Jetzt können Menschen mit dir in Resonanz gehen, die auf deiner Wellenlänge sind. Ebenfalls Liebende wie du.

Lass deine Erfahrungen, Verletzungen und Ängste hinter dir. Du musst dich nur dazu entscheiden, schon ist es geschehen.

Sag ja! Ja, ich will lieben!

Gebet

Ja, ich liebe.
Ich liebe wie ein Kind.
Ich liebe mit staunendem Herzen,
ganz frei und rein,
ganz wunderbar und unbeschwert.
Denn ich lasse alles los, was war.
Ich bin geheilt.
Ich bin voller Liebe und Heilkraft.
Ich strahle so sehr
und bin dankbar für jede Erfahrung.
Jetzt beginne ich neu.
Ich bin ein Liebender/eine Liebende,
ohne Wenn und Aber.
Bereit.
Absolut.
Jetzt und immer.
Mein Herz strahlt voller Freude.
Ich liebe.
Was auch immer war, es ist vorbei.
Ich lebe jetzt.
Ich bin ganz neu und voller Freude.

Traumatische Erfahrungen erlösen

In menschlichen Beziehungen kommt es immer wieder zu Traumen, vor allem dann, wenn schwere Verletzungen aufgetreten sind. Missbrauch, Demütigung, körperliche und/oder seelische Gewalt, dauerhafte Lieblosigkeit, Betrug oder andere Erfahrungen.

Wer an diesem Punkt angekommen ist, will höchstwahrscheinlich nie wieder etwas von Beziehungen hören und schon gar keine neue eingehen. Sobald ein potenzieller Partner Interesse zeigt, sind die Erfahrungen wieder präsent und die neue Begegnung mit Angst, Hass, Widerwillen und Misstrauen besetzt, sodass keine wahre Herzensbegegnung möglich ist.

Das Trauma kann auch ein früheres Leben betreffen, das entweder ins Bewusstsein drängt oder als bedrohliches Gefühl im Raum hängt. Dieses Gefühl wird dann auf alle potenziellen neuen Partner übertragen.

Fast alle Menschen tragen albtraumhafte Erinnerungen an Beziehungsmuster in sich. Wie ein tief sitzender Schock lassen diese Erfahrungen die Menschen erstarren. Ein liebender Fluss von Herz zu Herz, von Seele zu Seele, ist dann nicht möglich.

Wenn du es wirklich willst, kannst du dich davon befreien. Programmiere dich neu. Werde ein Liebender/eine Liebende.

Nimm dir Zeit für dich und deine Heilung. Jetzt bist du dran. Richte deshalb deine Aufmerksamkeit ausschließlich auf dich und beginne, dich mit göttlichen Liebesstrahlen aus deinem Herzen zu bestrahlen.

Wende die Verschmelzungsübung für Körper, Geist und Seele an. Und danach natürlich die bewusste Selbstliebe-Übung. Erinnere dich: Gottes Kraft ist in dir! Gottes liebende, heilende Kraft ist in dir! Gott nährt dich absolut! Gott heilt dich! Gott liebt dich!

Richte den liebenden, heilenden Strahl Gottes direkt auf dich und bestrahle dich mit Liebe. Stell dir dabei die allerschönsten Farben, Gerüche und Leuchtformen vor. Dein Liebesstrahl ist so, wie du ihn dir wünschst – wunderschön und heilend.

Bestrahle dich auf diese Weise mindestens einen Monat lang täglich. Sprich dabei laut: „Ja, ich will! Ich BIN heil! Ich BIN frei! Ich BIN ein Liebender/eine Liebende! Ich BIN Liebe! Ich BIN göttliche Liebeskraft! Ich BIN bereit zu lieben! Ich BIN bereit, geliebt zu werden! Ich BIN bereit für wunderbare Begegnungen!"

Lege eine fröhliche Musik auf und beginne ganz frei zu tanzen. Schüttele dich aus. Bewege deinen gesamten Körper. Stell dir dabei vor, wie alle Traumen aus dir herausfallen. Stampfe die Sätze mit beiden Beinen abwechselnd fest und überzeugend in den Boden.

Wenn du eine Trommel hast, setz dich hin und trommle. Sprich dabei rhythmisch die oben genannten Sätze, damit du sie dir einverleibst.

Aber auch ohne Trommel kannst du trommeln. Dein Körper wird zur Trommel. Klopfe deinen Körper mit deinen Fingerspitzen ab und sprich dabei laut die Sätze der Liebe und Freiheit. Zunächst klopfst du alle Körperstellen ab, die du erreichen kannst. Dann klopfst du konzentriert die Chakraöffnungen ab.

Klopfe also direkt auf deinem Scheitel, dann auf deiner Stirn, auf deiner Kehle, auf deiner Brust, auf deinem Nabel, auf deinem Unterbauch und schließlich auf deinem Gesäß.

Du kannst die Sätze auch klatschen! Alles ist möglich. Das Geheimnis der Auflösung von Traumen liegt in der Bewegung des Körpers, damit die Körperzellen, Organe, Muskeln und das ganze Körpergewebe die Erstarrungen loswerden. Gleichzeitig programmierst du durch das rhythmische, wiederholte Sprechen, das Klopfen, Klatschen oder Trommeln die neuen Gedanken- und Gefühlsmuster ein. Ungefähr einen Monat benötigt dein Körper, um neue neuronale Vernetzungsstrukturen zu bilden, die die neuen Botschaften beinhalten, wenn es sich um tiefe Verletzungen handelt.

Weniger tiefe Verletzungen kannst du durch deinen Willen und deine Entscheidung jederzeit loslassen. Wenn du das Gefühl hast, Hilfe zu benötigen, nimm sie in Anspruch.

Und bitte deine Engel, dir zur Seite zu stehen. Immer und überall sind Engel für dich da. Sie sind die direkten Vermittler für alles Irdische. Vertraue ihnen deine Traumen an.

Auch schwierige Beziehungsangelegenheiten können den Engeln übergeben werden. Bitte die göttlichen Engelenergien um Hilfe beim Loslassen von Verletzungen, beim Saubermachen deiner Gefühle und Gedanken, beim Sortieren, beim Schaffen von Ordnung und beim Aussenden von Liebesstrahlen.

Engelenergien sind immer fröhlich. Sie laden dich ein, unbeschwert dein Leben zu betrachten und dich als Mensch wohlzufühlen. Leicht und frei sollst du dich fühlen, humorvoll und beschwingt.

Engel können dich erheitern und dir die Schwere der irdischen Erfahrungen erleichtern. Ihre Fröhlichkeit ist ein Ausdruck von Herzensfreude und ein Zeichen für dich, nicht alles Irdische so bitterernst zu nehmen.

Lachen befreit dich von aller Traurigkeit und Enttäuschung und öffnet dich für neue Erfahrungen. Lachen macht dich flexibel und nimmt dir deine Erstarrungen. Mit Hilfe der Engelenergie erfährst du deine liebliche und kindliche Seite und weißt, dass auf dem „Spielplatz Erde" im Traum Gottes auch viel Freude möglich ist, nicht nur bittere und schmerzhafte Erfahrungen.

Bitte deine Engel, dich zu befreien, sodass du über dich selbst lachen kannst. Dann kannst du alles Irdische mit Humor nehmen und wieder unbeschwert und voller Freude Liebe aussenden.

Stell dir vor, wie die Engel dich reinigen. Sie kommen mit warmem Wasser, lustigen Zubern, duftenden Seifen, herrlich farbigem Schaum und weichen Schwämmen. Sie verwöhnen dich und lassen dich in eine wunderbar gemütliche Badewanne steigen. Du wirst massiert und gehätschelt, mit Düften und Wohlgerüchen verwöhnt und anschließend fein gesalbt, damit du dich wie neu fühlen kannst.

Bei schlimmen Traumen können die Engel aber auch zuerst eine Grundreinigung mit einem Staubsauger vornehmen und alles Schlimme wegsaugen, bevor sie dich in die Wonnen der Wanne einweihen.

Fühle dich geliebt und wisse, dass Gott dich in jeder Erfahrung träumt. Und dass Gottes Liebe in dir ist, um nun für liebende und erfüllende Erfahrungen erweckt zu werden. Deine Seele wird leuchten, nicht mehr im Leid, sondern in der Freude. Du bist ein Liebender/eine Liebende! Du bist gesegnet! Du bist erwählt! Du bist das Wunder der irdischen Inkarnation!

Engelgebet

*Meine geliebten Engel,
euch übergebe ich meine schwersten und leidvollsten Erfahrungen,
auf dass ihr mir helft, sie zu transformieren.
Mit Gottes Kraft und Gottes Liebe nehmt ihr mir das Leid von der Seele,
sodass ich wieder strahlen kann und gereinigt werde,
um glücklich zu sein, friedvoll und bereit für alles Schöne und Erfüllende in meinem Leben.
Ja, ich bin frei!
Ja, ich liebe!
Ich liebe!
Denn Gott ist in mir.
Lasst mich lachen, ihr lieben Engel.
Schenkt mir Heiterkeit und Leichtigkeit.
In Liebe und Dankbarkeit.
So sei es.*

Unerfüllte, unbewusste Beziehungen lösen sich

Wenn du in einer Beziehung bist und beginnst, ein Liebender/eine Liebende zu sein, wird sich deine Schwingung verfeinern und erhöhen. Du wirst lichtvoller, feinfühliger, sensitiver und empfindlicher werden.

Diese Tatsache kann zunächst einmal unerwünschte „Nebenwirkungen" haben. Zum Beispiel: Du verträgst keine Nahrungsmittel mehr, die voller Chemie sind. Du wirst Vegetarier oder isst nur noch Fleisch von Tieren, die würdevoll getötet wurden und sich freiwillig als Lebensmittel hingegeben haben. Je feiner du schwingst, desto mehr achtest du auch auf andere Nahrungsmittel wie Karotten oder Kartoffeln. Auch Pflanzen sind lebendig und möchten würdevoll geerntet werden.

Es kann sein, dass dir Menschenansammlungen zu viel sind und dich Menschen anstrengen, die eine niedrigere Schwingungsfrequenz aufweisen.

Dinge, Menschen, Ereignisse, Situationen, die dir früher wichtig waren, verlieren ihre Bedeutung. Es kann sogar sein, dass du kurzzeitig in eine Phase der Sinnlosigkeit eintrittst. Alles, was bisher Sinn gemacht hat, ist jetzt langweilig und sinnlos. Du bist so feinfühlig und hochschwingend, dass du vorübergehend die Orientierung im Leben verlierst.

Es können Fragen kommen wie: Was soll das alles? Was macht das für einen Sinn? War das schon alles? Wie soll ich nur mein Leben gestalten, damit ich wieder Freude daran habe?

Sobald dir deine Feinfühligkeit und Sensibilität bewusst geworden sind, kannst du die Geistige Welt um Hilfe bitten, denn du wirst weiterhin gebraucht auf der Welt. Du bist schließlich im Dienst der Menschheit und der gesamten Schöpfung. Da kann es nicht sein, dass du vor lauter Empfindlichkeit nicht mehr aus dem Haus gehst, an nichts mehr Freude hast und gleich von allem erschöpft bist.

Hab dennoch Geduld, denn diese Phase der Dauererschöpfung, der Sinnlosigkeit, der Depression und Empfindlichkeit ist normal, bis sich dein ganzes irdisches Sein der neuen Schwingung angepasst hat.

Je öfter du die Verschmelzungsübung anwendest, um Körper, Geist und Seele miteinander zu integrieren, desto weniger wirst du Schwierigkeiten mit Schwingungsanpassungen haben. Das gilt auch für die stetige Schwingungserhöhung des Planeten Erde.

Wende also die Verschmelzungsübung an und sei ein Liebender/eine Liebende. Wenn du Herzensliebe ausstrahlst, bist du unverwundbar. Wenn dich nichts Irdisches mehr wirklich berührt, dann werde erst recht als Liebender/Liebende aktiv. Strahle Liebe aus, wo immer du bist, was immer du tust, wie auch immer dein Alltag aussehen und verlaufen mag. Bestrahle zunächst immer dich selbst und nähre dich von Gottes Liebe, die durch dich strahlt. Dann bestrahle alles und jeden um dich herum mit Liebe.

Es ist so viel Liebe in dir: für die Welt, für dein Dasein, für dich selbst und für Alles-was-ist.

Ja, es ist so viel Liebe in dir – Gottes Liebe in dir –, dass du so sehr strahlen wirst und damit dich und alle nähren kannst, die sich an deinem Licht – Gottes Licht – wärmen wollen.

Deine Schwingung wird immer höher, feiner und lichtvoller. Dennoch wirst du wieder erfahren, wie wundervoll es ist, ein Mensch zu sein. Das irdische Leben wird dich aufs Neue begeistern. Und dann wird es einfach nur herrlich und großartig sein, irdischen Belangen nachzugehen. Ja, selbst deine Steuererklärung wird dich nicht mehr nerven. Sie gehört nämlich auch zu deinem Leben und ist eine wertvolle Erfahrung.

Nach der Phase der Sinnlosigkeit, Depression und Erschöpfung wirst du beginnen, dein irdisches Leben mit neuen Augen zu sehen und zu lieben. Denn du bist ein Liebender/eine Liebende, was dein Leben und deinen Alltag anbelangt.

Wie wundervoll es dann ist, zur Arbeit zu gehen. Oh ja!

Wie wundervoll es dann ist, einkaufen zu gehen, zu kochen und zu putzen.

Wie wundervoll es dann ist, nachts aufzustehen, um dein Baby zu versorgen.

Wie wundervoll es dann ist, all die nichtigen Tätigkeiten des Alltags zu verrichten. Ja, es wird sogar wundervoll sein, im Stau zu stehen.

Unvorstellbar für dich?

Wenn du ein Liebender/eine Liebende bist, ist alles, wirklich alles!, eine großartige Erfahrung, denn alles ist durchdrungen von Liebe.

Gilt das auch für schmerzhafte Erfahrungen?

Ja, allerdings zeitversetzt. Denn im Augenblick des

Schmerzes, ob körperlich oder seelisch, gehst du im Gefühl des Schmerzes und in den dazugehörigen Gedanken auf. Es tut halt weh! Da können Tränen fließen, Wut und Frust regieren – die ganze Palette unangenehmer Gefühle und Gedanken.

Aber als Liebender/Liebende bist du in der Lage, nicht im Schmerz zu verharren. Du erlebst ihn, kaust ihn durch, erfährst ihn bis ins Detail und lässt ihn schließlich los, gereinigt, geläutert und innerlich gereift. Und dann wirst du dankbar sein für diese Erfahrung, die dich veranlasst hat, die Tiefe des Lebens und die ganze Bandbreite des Daseins zu erleben. Sollten sich Seelenanteile von dir verabschieden, praktiziere die Verschmelzungsübung.

Auch Erfahrungen, die eine Beziehung betreffen, können sehr schmerzhaft sein. Solltest du in einer festen Beziehung leben, kann es sein, dass es Probleme in deiner bestehenden Partnerschaft gibt, denn ihr schwingt nicht mehr miteinander, wenn du dich weiterentwickelst und bewusst ein Liebender/eine Liebende bist. Du bist auf einer anderen Schwingungsfrequenz. Das ist nicht besser oder schlechter, es ist einfach so. Ihr müsst sehr viel Energie aufbringen, um einen Ausgleich herzustellen.

Nun kann es sein, dass sich die Beziehung zu lösen beginnt. Das kann auf die übliche, irdische Art und Weise geschehen: Ihr verliert das Interesse aneinander, betrügt euch mit einem anderen Partner, streitet nur noch, geht euch auf die Nerven, langweilt euch miteinander, könnt nichts mehr miteinander anfangen usw.

Aber weil du ein bewusst Liebender/eine bewusst Liebende bist, kannst du an diesem Punkt einschreiten. Das heißt, du kannst dein Bewusstsein nutzen und in die Gesamtsituation Liebe fließen lassen. Du wirst also nicht im üblichen Muster verharren, dich verletzt und gefrustet fühlen, deinen Partner betrügen, dich langweilen oder streiten, sondern aktiv werden und lieben.

Oder du wirst es in Liebe zur Trennung kommen lassen und dich in Liebe aus der Partnerschaft lösen, sodass jeder in Frieden seinen Lebensweg weitergehen kann.

Die Entscheidung wirst du aus Liebe heraus fällen und aus dem Bewusstsein, dass du im Dienst der göttlichen Schöpfung stehst.

Das heißt konkret, dass du nicht aus egoistischen Motiven die Partnerschaft lösen wirst, sondern weil du erkannt hast, dass ihr gemeinsam eure Partnerschaft nicht zum Wohl aller weiterführen könnt. Würdest du bei deinem jetzigen Partner bleiben, würdest du nur so vor dich „hindümpeln". Im schlimmsten Fall – wenn dein Partner gewalttätig ist oder dich unterdrückt – würdest du körperlichen und seelischen Schaden nehmen. Trenne dich aus solch einer Situation. Trenne dich konsequent! Sende Heilkraft und Liebe in die Situation und dir und deinem Partner Freiheit und Frieden.

Mit einem hochschwingenden, gleichschwingenden Partner könntest du hingegen zum Wohl der Schöpfung tätig sein. Und dein jetziger Partner würde sich mit einem Partner, der so schwingt wie er, sowieso wohler fühlen. Dazu musst du aber frei sein. Kläre die Situation. Lass dich auf keine Dreiecksbeziehung ein, sondern bringe Ordnung in dein Leben.

Manchmal erübrigt sich die Frage, ob du die Partnerschaft lösen sollst, von selbst. Dann nämlich, wenn dein jetziger Partner die Beziehung beendet, sich einen anderen Partner nimmt oder dir zu verstehen gibt, dass es aus ist.

Dann ist es so. Sei dankbar für die Zeit, die euch gemeinsam beschert war. Sie war eine wichtige Lebenserfahrung. Segne deinen Partner und lass ihn gehen.

Sobald du zu einem Liebenden/einer Liebenden wirst, kann es also sein, dass sich dein Leben verändert und sich deine jetzige Partnerschaft löst.

Solltest du vor diesen Veränderungen Angst haben, bitte die Geistige Welt um Beistand und eine sanfte Lösung zum Wohl aller. Segne stets deine jetzige Partnerschaft und bitte um das Beste für alle Beteiligten. Bitte um einen friedlichen Weg, der auch im Irdischen allen Beteiligten Frieden schenkt.

Lass dich nicht „herunterziehen" auf das niedrige Schwingungsniveau von kleingeistigen, egoistischen Streitereien, auch wenn du aus deiner Sichtweise im Recht sein solltest. Bleib in der Liebesschwingung. Sieh die Gesamtsituation aus den Augen Gottes. Übe Vergebung, wenn es nötig sein sollte, und befreie dich von Schuldgefühlen, Rechthaberei und Intoleranz.

Sei großzügig! Sei tolerant! Gib nach! Lass los! Beharre nicht auf deinem Recht, sondern beginne immer wieder, den Strahl der Liebe auszusenden, auch wenn es dich mit deinem jetzigen niedrigschwingenden Partner Kraft kosten sollte.

Du und dein Partner und jeder Mensch – alle sind

Geschöpfe Gottes. In allen strahlt Gottes Liebe. Alle sind Gottes Liebe.

Wie betrachtet das göttliche Bewusstsein die Situation? Wie sieht Gott die Menschen?

Gott träumt uns alle. Gott träumt und erfährt sich in jedem von uns. In jeder unserer Handlungen, unserer Denkweisen, unserer Emotionen. Gott erfährt sich in allem Irdischen, jetzt, immer, dauernd.

Im Bewusstsein der göttlichen Existenz gibt es nur die Liebe. Begib dich deshalb in dieses Liebesbewusstsein hinein, was auch immer gerade in deinem Leben geschehen mag.

Sei dir gewiss, dass du als Liebender/als Liebende durch die Liebesschwingung deiner Ausstrahlung absolut beschützt bist. Liebe und Wunder werden wahr, auch innerhalb verfahrener Situationen.

Es wird sich etwas Wunderbares in deinem Leben offenbaren, wenn du liebst. Denn Liebe zieht Liebe an. Sei ganz in der Liebesschwingung. Liebe dich selbst.

Liebe deinen jetzigen Partner. Bestrahle ihn mit Liebe. Du bist derjenige/diejenige in der Partnerschaft, der/die sich der Liebesfähigkeit bewusst ist. Also liebe! Bestrahle deinen Partner und die Situation mit Liebe.

Dann wird das Richtige geschehen. Deine Beziehung wird sich in Liebe auflösen, oder sie wird sich verwandeln.

Gebet

*Ich bin voller Vertrauen,
denn das Richtige geschieht.
Gott führt mich,
und Liebe zieht Liebe an,
sodass sich alles auflöst,
was nicht mehr in mein Leben gehört.
Es wandelt sich zur Freude und zum Wohl aller.
Was auch immer geschieht,
es geschieht in Liebe.
So habe ich die Kraft,
mein Leben zu meistern,
im Bewusstsein,
dass es nur die Liebe gibt.
Gottes Liebe ist.
Gottes Liebe ist in mir.
Gottes Liebe ist in Allem-was-ist.
So bin ich ein Liebender/eine Liebende,
ein Ausdruck göttlicher Liebe.
Gesegnet ist Gottes Liebe in mir, in dir, in Allem-was-ist.*

Wie du die Weichen stellst, aus deiner jetzigen Beziehung eine Seelen- und Herzensbeziehung werden zu lassen

Wenn du ein Liebender/eine Liebende bist, kann es sein, dass sich deine jetzige Partnerschaft wandelt. Das heißt, die Schwingung deines Partners wird ebenfalls erhöht, und ihr könnt wieder miteinander schwingen. Das kann auch mit einem Partner geschehen, der sich der Tatsache der Liebe zunächst nicht bewusst, weder spirituell interessiert noch sonst irgendwie ein Liebender/eine Liebende ist! Das Geheimnis liegt darin, dass ihr in der jetzigen Partnerschaftskonstellation am besten zum Wohl aller da sein könnt, auch wenn diese Tatsache nur dir allein bewusst ist.

Die Geistige Welt wird eure Partnerschaft segnen und alles dafür tun, dass sich die Schwingung deines Partners erhöht, damit ihr beide wieder gemeinsam zum Wohl aller tätig werden könnt.

Es reicht, wenn du der Liebende/die Liebende bist. Das Einzige, was du tust ist, dass du liebst. Also liebe!

Sende mehrmals täglich Liebesstrahlen in deine Beziehung, direkt zu deinem Partner. Liebe ihn! Bestrahle ihn mit Liebe! Segne ihn! Bete für ihn! Hülle seine Seele in liebendes Licht! Segne seine Seele! Segne seinen Körper! Segne sein Dasein! Es wird eine Weile dauern, aber es wird geschehen. Die Verwandlung ist im Gange.

Mit deinem Lieben und Segnen veränderst du die Welt und natürlich auch deine Partnerschaft, wenn es dem Wohl aller dient.

Das heißt natürlich nicht, dass der Weg bis dahin einfach ist. Das unterschiedliche Schwingen eurer Seelen wird sich im Alltag bemerkbar machen. Doch alle sperrigen Situationen werden sich in Wohlgefallen auflösen, wenn es so sein soll und eure Beziehung einem höheren Zweck dient. Und weil du ein bewusst Liebender/eine bewusst Liebende bist, wirst du dankbar dafür sein.

Es ist gut möglich, dass dein Partner weiterhin nichts von Spiritualität wissen möchte und in deinen Augen ein unbewusstes Leben lebt. Aber sein Verhalten wird anders sein. Er wird auf seine Weise Liebe ausstrahlen, zwar unbewusst, aber es wird geschehen. Du wirst die Zeichen erkennen, den Strahl seiner Liebe spüren und dankbar sein für sein liebendes Verhalten dir und der Welt gegenüber.

Das wird das Ziel sein: Ihr werdet beide Liebende sein, Liebe ausstrahlen, Liebe verbreiten und eine harmonische Beziehung führen, auch wenn nur du dir der tiefen Hintergründe bewusst bist und weißt, dass Gottes Liebe zu eurer eigenen Freude und zum Wohl aller in euch wirkt.

Ihr werdet wieder Freude aneinander haben. Ihr werdet euch lieben. Eure festgefahrene Beziehung kann verwandelt und zu einer (von deiner Seite aus bewussten) Seelen- und Herzenspartnerschaft werden, wenn euer Zusammensein der göttlichen Schöpfung dienlich ist.

Nun kann es sein, dass dein Partner im Laufe der Zeit Bewusstheit erlangt und schließlich den Weg der Liebe und Seelen- und Herzenspartnerschaft mit dir beschreitet.

Du kannst ihm – wenn er offen und bereit ist – die Verschmelzungsübung zeigen, sodass er wie du Körper, Geist und Seele intensiver integriert. Eventuell – wenn er das möchte – kannst du ihm dabei behilflich sein. Du kannst zum Beispiel auf dem Boden sitzen und seine Füße halten, während er die Verschmelzungsübung ausführt. Oder du setzt dich ihm gegenüber und legst die Hände auf seine Knie. Oder du stellst dich hinter ihn und legst deine Hände auf seine Schultern. Oder du berührst ihn anders. Achte aber darauf, dass seine Hände frei sind, mit den Handflächen nach oben gerichtet.

Wenn sich der Zweck eures Zusammenseins zum Wohl aller erfüllt hat, kann es eines Tages zu einer Auflösung eurer Beziehung kommen. Auch das ist möglich. In jeder Beziehung steckt aber das Potenzial, zu einer wahren Seelen- und Herzenspartnerschaft zu werden. Sei deshalb geduldig.

Sei ein Liebender/eine Liebende – und alles wird so geschehen, wie es geschehen soll.

Gebet

Ich bin voller Liebe,
voller Freude,
ich liebe.
Gott liebt in mir und durch mich.
Meine Liebesstrahlen berühren die Welt,
berühren alles und jeden,
berühren bewusst alles, was sich verwandelt.
Im Fluss der Liebe
bin ich geborgen,
für immer und ewig.
Im Herzen Gottes ruhend,
freue ich mich am Leben,
an jedem Tag,
an jeder Erfahrung.
Ich strahle.
Ich liebe.
Ich danke für mein Leben.

Erfüllende Zweisamkeit

Das Ideal der menschlichen Beziehungsform ist die Zweisamkeit. Zwei gleich schwingende Seelen, die Liebe aussenden und Liebende für sich, füreinander und die Welt sind, finden sich und gestalten ihr Leben zusammen. Gemeinsam entfalten sie eine enorme Strahlkraft. Beiden ist bewusst, dass sie zum Wohl aller zusammengefunden haben. Und dieses Wissen ist so voller Freude, dass es die gesamte Beziehung beflügelt und im Alltag trägt.

Salopp könnte man sagen: Eine Seelen- und Herzenspartnerschaft ist so sexy, dass es eine wahre Freude und Lust ist, die Strahlkraft solch einer Partnerschaft zu erleben.

Freude und Lust wirken dann verstärkend und motivierend im Alltag. Ein Seelen- und Herzenspaar nährt sich selbst. Es lebt wirklich von Luft und Liebe. Die gelebte göttliche Liebe im Alltag ist total erfüllend, weil sie bewusst gelebt und erfahren wird. Und es ist wirklich möglich, sich fast ständig erfüllt zu fühlen.

Jeder Partner für sich strahlt schon beinahe überirdisch. Gemeinsam aber sind sie so erfüllt von Liebe, dass sie in potenzierter Kraft in die Welt hinausstrahlen. Ihr „Liebeskraftfeld" reicht weit in alle Dimensionen hinein und ist selbst für unbewusst Lebende spürbar.

Innerhalb dieses Kraftfelds kann sich alles und jeder ebenfalls verwandeln. Heilende Kraft wird ausgestrahlt.

Eine erfüllende Zweisamkeit kann in herkömmlicher Form gelebt werden: Das Paar bezieht eine Wohnung und lebt bis an sein Lebensende in dieser bewusst erlebten

Liebe und Erfüllung, mit oder ohne Kinder, Anhang, Familie, Hund, Katze und Maus.

Das Paar kann aber auch in getrennten Wohnungen miteinander glücklich sein. Feste Beziehungskonstellationen im Irdischen wird es nicht mehr geben. Die Lebensmodelle und -entwürfe werden individuell und auf das Paar und die Lebenssituation zugeschnitten sein. Dabei steht aber nicht nur das eigene Glück im Vordergrund, sondern stets das gemeinsame Wirken und Lieben zum Wohl aller.

Das heißt, dass das Seelen- und Herzenspaar stets so wirkt und tätig ist, dass es zum Wohl aller geschieht. Sei es, dass eine Großfamilie dadurch Versorgung erhält, ein gemeinsames karitatives Projekt in Angriff genommen wird, Kunden, Patienten und Klienten eine Dienstleistung erfahren oder Heilung durch gemeinsames Tun geschehen kann.

Dieses „zum Wohl aller" kann viele Gesichter haben. Beruf, Hobby und Familie können im Einsatzbereich sein, nicht nur weltweite, große Projekte zählen zum Wohl aller. Überall dort, wo Gottes Liebe Wirkung zeigt, um Heilung, Frieden, Freiheit, Wohlbefinden, Alltagstauglichkeit und Einsatz jeglicher Art lebendig werden zu lassen, ist die Liebesschwingung von Seelen- und Herzenspaaren gefragt.

Dadurch kann es auch zu einer partiellen Fernbeziehung zwischen den Liebenden kommen. Doch wird es ihnen bald möglich sein, auch räumlich wieder zusammenzukommen. Denn die irdische Nähe – ob durch eine gemeinsame Wohnunng oder getrennte Wohnungen gelebt – macht das irdische Potenzial der Liebenden aus.

Das kann man ganz pragmatisch sehen, denn es ist

einfacher, sich zu lieben, wenn man den Alltag miteinander teilt und sich aufeinander einschwingen kann, als wenn man dauerhaft weit entfernt lebt und sich nur am Wochenende oder noch seltener sieht.

Gebet

*Danke, Gott, dass du mich und meinen Geliebten/meine
Geliebte zusammengeführt hast.
Danke, mein Geliebter, für dein Dasein,
für unsere Zweisamkeit,
für den Alltag, den wir miteinander teilen,
für unser Verbundenheit,
für die Heilkraft unserer Herzen und Seelen.
Danke, dass es uns gibt
und wir miteinander wirken und lieben können.
Danke für unsere Leuchtkraft und die Liebe, die alles verwandelt und Bewusstheit, Heilung, Licht, Segen und Liebe
zu allen Menschen bringt,
durch unsere Einheit hindurch.
Danke.*

Andere Beziehungsformen

Immer wieder taucht die Frage auf, ob es in der Zukunft möglich sein wird, in freien Beziehungen zu leben und gleichzeitig eine intime Beziehung zu mehreren Partnern zu unterhalten.

Das ist durchaus möglich, weil es in Zukunft immer mehr hochschwingende Seelen geben wird, die Liebeskraft ausstrahlen und Liebende sind. Es wird also mehr potenzielle Partner geben. Und es wird schwieriger werden, sich für einen einzigen zu entscheiden.

Dennoch macht die herkömmliche Beziehungsform der Zweisamkeit Sinn. Denn zum Menschsein gehören auch negative Gefühle. Sobald mehrere Partner miteinander eine Beziehung teilen und intim miteinander sind, „verzettelt" sich die Energie. Die volle Strahlkraft kann nicht mehr wirken, weil der Mensch dazu neigt, eifersüchtig zu sein, sich zurückgesetzt zu fühlen, wenn jemand anderer gerade die volle Aufmerksamkeit bekommt, oder einen Menschen zu favorisieren.

Auch das Prinzip „Harem", also ein Mann mit mehreren Frauen oder eine Frau mit mehreren Männern, bedarf sehr viel Toleranz, Verhaltensregeln und Distanz, um im Irdischen erfüllend gelebt zu werden.

Alle diese Beziehungsformen haben sich im menschlichen Alltag nicht bewährt. Sie „zerstreuen" die lichte Liebeskraft und können nicht so gebündelt zum Einsatz kommen wie in der Zweierbeziehung.

Die lichte Liebeskraft kann nur dann durch mehrere Menschen gleichzeitig verstärkt werden, wenn eine Gemeinschaft von Menschen zusammenkommt, die nur zum Wohl der Schöpfung agiert, aber keine Beziehung lebt, vor allem keine sexuelle Beziehung.

Spirituelle Gemeinschaften haben das Potenzial für den Einsatz der gebündelten heilenden Strahlkraft. Aber auch dort kommt man ohne Regeln nicht aus.

Regeln sind eine Notwendigkeit, wenn mehrere Individuen gemeinsam leben und handeln. Je mehr Menschen es sind, desto notwendiger ist eine gute Organisation. Und desto starrer wird die Gruppe. Ebenso wird sie anfälliger für individuellen Frust und Enttäuschungen, wenn sich der eine oder andere nicht wahrgenommen fühlt mit seinem Sein, seinen Ideen, seinen Vorschlägen und Beiträgen zur Gemeinschaft.

Das Ideal für die optimale Wirkung göttlicher Strahl- und Heilkraft bleibt deshalb die Zweierbeziehung.

Gebet

Du und ich,
wir sind eins.
In unserer Zweisamkeit liegt unser Potenzial
für uns selbst,
für dich und mich,
für unsere Beziehung,
für unsere Umwelt,
für die gesamte Welt.
Deshalb lass uns feiern,
dass wir zusammengefunden haben.
Lass uns Gott in uns feiern und lobpreisen.
Lass uns voller Freude in die Welt hinausstrahlen.
Wir sind eins!
Hört, seht, fühlt, erlebt: Wir sind eins!

Göttliche Heil- und Strahlkraft der Seelen- und Herzenspartnerschaft

Eine Seelen- und Herzenspartnerschaft bereitet beiden Partner Freude und schenkt ihnen Erfüllung. Beide werden aus der Zweisamkeit genährt. Sie erfüllen sich selbst und schenken dem Partner Erfüllung. Gemeinsam bilden sie ein wunderbares, starkes und vollkommenes Kraftpaket aus Liebe und Heilkraft. Die Liebesstrahlen richtet dabei jeder Partner auf sich und auf den Partner.

Doch damit nicht genug. Jedes Seelen- und Herzenspaar kann den Liebesstrahl seiner vereinten Herzen und Seelen auf die ganze Welt richten. Diese wunderbare Tatsache ist nicht nur Dualseelenpaaren möglich, sondern allen Seelen- und Herzenspaaren, die sich jetzt finden oder schon gefunden haben.

Ihre Seelen und Herzen können verschmelzen und aus dieser Einheit heraus zu einem gigantischen Liebesstrahl werden, der Heilung in die Welt bringt.

Aus der geistig-seelischen Verschmelzung heraus kann das Paar Wunder bewirken. Dieses Potenzial wird von der Geistigen Welt forciert und ist im Zuge der immer lichter werdenden Welt nicht nur erwünscht, sondern ergibt sich wie von selbst, da sich die Schwingung der Erde erhöht.

Es ist so wunderbar, dies zu wissen!

Spüre hinein in die gigantischen Möglichkeiten, die das göttliche Bewusstsein dir schenkt. Du kannst Teil dieser strahlenden Heilkraft sein.

Als Liebender/Liebende strahlst du sowieso schon. Du bist perfekt und vollkommen. Du bist göttlich und heilbringend. Als Teil einer liebenden Partnerschaft ist deine liebende und heilende Kraft dermaßen gebündelt, dass nichts Irdisches diesem lichtvollen Segen gleichkommt. Gemeinsam mit einem gleichschwingenden Partner kreierst du deshalb paradiesische Zustände auf der ganzen Welt. Du holst das Paradies auf die Erde, und zwar nicht nur für dich und deinen Partner, sondern für alle, die mit euch zu tun haben.

Ihr werdet mit eurer Liebe euer ganzes Umfeld bestrahlen. Ihr werdet Licht und Liebe in jeden Winkel senden können und Menschen tief berühren.

Und ihr werdet euch selbst dadurch ständig aufs Neue berühren. Eure Liebe und Strahlkraft werden eine erfrischende Quelle für euch sein, um eure Liebe jung, vital und erfüllend zu erleben.

Die liebende Strahlkraft, die ihr aus dem göttlichen Bewusstsein der Liebe aussendet, wird euch erhellen und euren Körper ebenfalls berühren und positiv beeinflussen.

Zuerst ist da dein Wille, dein „Ja, ich will lieben"! Dann folgt das Tun: Du sendest liebende Strahlen aus: zu dir, zielgerichtet in die Welt sowie zu deinem Partner.

Während dieses geschieht und du liebst und strahlst, wirst du dich erfüllt fühlen. Es wird dir Freude bereiten, ein Liebender zu sein. Ja, es macht total Spaß!

Dadurch verändert sich deine komplette Wahrnehmung. Du erfährst beim Lieben und Bestrahlen mit Liebe mit Leib und Seele Freude, manchmal sogar ekstatische Momente.

Alle diese lichten, begeisternden Momente werden dich erleuchten, erfreuen, deine Seele mit Wohlgefühl und Erfüllung tränken, deinen Geist klar und hell leuchten lassen und deinen Körper heilen.

Vor allem dein Körper wird vom Lieben profitieren. Indem du liebst und während des Liebesakts und des Sendens von heilenden Strahlen zu dir, deinem Partner und in die Welt hinaus, geschieht Folgendes auf körperlicher Ebene:

- Dein Herzschlag verlangsamt sich.
- Dein Blutdruck normalisiert sich, deine Gefäße erweitern sich.
- Deine Muskeln entspannen sich.
- Deine Atmung vertieft sich.
- Deine Körperfunktionen normalisieren sich.
- Dein Hormonsystem arbeitet optimiert, ebenso dein Stoffwechsel und alle biochemischen Vorgänge.
- Körperliche Beschwerden und Schmerzen werden gelindert oder verschwinden ganz.
- Erschöpfungszustände und depressive Verstimmungen lösen sich, du wirst körperlich wieder tatkräftiger sein, besser schlafen und wieder Lust auf die körperliche Liebe haben.
- Dein Körper kommt zur Ruhe oder wird angeregt, je nachdem, was gerade benötigt wird.
- Stress wird abgebaut, deine Selbstheilungskräfte (dein Immunsystem) können optimal arbeiten.

- Langfristig wirkst du verjüngt, deine Haut wird positiv beeinflusst, deine Haltung ist aufrechter, du strahlst von innen und von außen.

Eine Seelen- und Herzenspartnerschaft zu führen ist eine irdische Wonne! Noch mehr: Sie ist Vollkommenheit, Erfüllung und Vollendung zugleich.

Einzig mit deiner Dualseele kannst du sonst diese absolute Einheit erleben. Mit einem gleichschwingenden Seelen- und Herzenspartner ist das ebenfalls möglich, denn ihr werdet gebraucht für die Welt. Euer gemeinsames Licht soll strahlen, alle Menschen erfüllen und berühren und Zeichen setzen für den Aufstieg des Planeten und die lichtvolle Entwicklung der Menschheit.

Bereite dich vor, indem du liebst. Das ist schon alles. Dann wird ein gleichschwingender, ebenfalls liebender Seelen- und Herzenspartner zu dir finden. Ihr werdet euch finden.

Gebet

*Wir strahlen gemeinsam.
Unser Licht wird gebraucht.
Unser gemeinsames Licht soll hell strahlen,
zu unserer Freude
und zum Wohl aller.
Denn in unserer Liebe und unserer Partnerschaft
ist das Potenzial der heilenden Kraft vorhanden,
um lichtvoll zu wirken in der Welt.
Für unsere Erde,
für unser Leben,
für unsere Zukunft,
für unsere lichtvolle Entwicklung.
Ja, wir sind lichtvoll Liebende.
Wir sind Partner.
Wir sind gesegnet
und ein Ausdruck lebendiger, gelebter Liebe,
fließend und erfüllend.*

Die Gestaltung deiner Seelen- und Herzenspartnerschaft

Bitte bedenke, dass du als Mensch bestimmten Stimmungen sowie körperlichen, geistigen und seelischen Vorgängen unterworfen bist. Wenn du also mit deinem Seelen- und Herzenspartner zusammenlebst, wird nicht immer alles „Friede-Freude-Eierkuchen" sein.

Es wird Zeiten geben, in denen sich der eine mal mehr um sich selbst kümmern muss und sich zurückzieht. Ihr werdet auch sicher ab und zu nicht einer Meinung sein und Phasen durchleben, die weniger erfüllend, sondern geprägt sind von menschlichen Anstrengungen und den Banalitäten des Alltags. Es kann auch Streit geben oder Missverständnisse.

Das ist normal. Verzweifelt nicht daran, sondern seht es mit Gelassenheit und Toleranz. Redet rechtzeitig miteinander in aller Stille und in Frieden, tauscht euch aus, habt Verständnis füreinander, lobt euch, bestrahlt euch gegenseitig und sucht Momente der Innigkeit, um miteinander zu lachen und zu weinen.

Vergebt einander eure Launen, Versäumnisse, unbedachten Worte und Taten. Befreit euch von negativen Gefühlen, Groll und strafendem Verhalten. Stattdessen seht das Licht Gottes aus euch und eurem Partner leuchten.

Lenkt eure Aufmerksamkeit auf das Göttliche in euch, auf eure gemeinsame Liebe, eure Verbundenheit, eure gemeinsame Einheit und heilende Strahlkraft. Seid euch immer wieder bewusst, wie wunderbar es ist, dass es euch gibt und ihr euch habt. Es ist ein Wunder! Es ist herrlich! Es ist göttlich! Ihr seid gesegnet.

Deshalb rennt nicht einem Ideal hinterher, das ihr hier auf der Erde nicht erfüllen könnt, denn alles ist stetig der Wandlung unterworfen. Auch eure Partnerschaft wird sich dynamisch entwickeln. Wenn ihr furchtlos und freudig damit umgeht, werden euch die kleineren und größeren Alltagsprobleme nichts anhaben können. Im Gegenteil: Sie werden euch stärken und euch motivieren, stets Liebe fließen zu lassen.

Je geübter ihr im Lieben seid, desto weniger anfällig wird eure Partnerschaft für jegliche Art von Schwankungen und Missverständnisse sein. Ihr werdet sehr harmonisch und ausgeglichen miteinander leben können und viel Verständnis füreinander aufbringen für schmerzhafte Wachstumsprozesse und Ereignisse wie Krisen und Krankheiten.

Ihr werdet euch gegenseitig tragen und Kraft schenken, um gestärkt aus schwierigen Zeiten hervorgehen zu können. Vor allem entwickelt ihr Durchhaltevermögen und nährt euch gegenseitig mit Liebe. So ist euch immer bewusst, dass ihr Gottes Liebe in euch tragt und stets versorgt werdet. Es wird euch nicht langweilig werden innerhalb eurer Beziehung, denn ihr seid in der Lage, ganzheitlich zu denken und „Durststrecken" kreativ zu verändern. Eure Partnerschaft wird deshalb immer aufs Neue belebt werden. Und ihr werdet euch immer wie „frisch verliebt" fühlen.

Sehnsuchtsvolle Gefühle der Gewissheit, das Begehren, Verschmelzen und Getragen-Werden werden nie vergehen. Ihr werdet euch jeden Tag mit den Augen der Liebe betrachten und begeistert und dankbar sein, dass ihr euer Leben miteinander teilen könnt. Euch wird stets die Endlichkeit des irdischen Lebens bewusst sein, sodass ihr wirklich jeden Tag genießen könnt.

Jeder von euch kann viel dafür tun, eure Liebe und Partnerschaft lebendig und „frisch" zu halten.

Nutzt dazu die göttliche Möglichkeit eurer Emotionen und Gedanken. Erinnert euch täglich – wirklich täglich – an die wunderbare Phase der Verliebtheit und das beinahe kindliche Staunen und Berührt-Sein der ersten Begegnungen, der ersten zarten Berührung eurer Körper, der Magie zwischen euch, der spirituellen Übereinstimmung eurer Liebesstrahlen, euren Gleichklang der Seelen und Herzen, eure gemeinsame Schwingungsfrequenz.

Spürt in euch, in eurem Körper, euren Emotionen und Gedanken, das Prickeln und Begehren der ersten Zeit, den Zauber der Anziehungskraft, die Tiefe der Gefühle, die ekstatischen Erinnerungen an Verbundenheit, Verschmelzung, Einheit und Erfüllung.

Es ist ein Akt der Anbetung, Verehrung und Bewunderung. Ihr betet euch selbst an, eure gemeinsame Partnerschaft, eure Individualität, euer Dasein, eure Göttlichkeit, einfach alles.

Das Gefühl und die Gedanken dazu entstehen in euch. Eure Körper werden diese dann spiegeln, sodass ihr in dieses ekstatische Empfinden hereinfindet, das die erste Zeit einer menschlichen Begegnung und Berührung ausmacht.

Im anderen Fall rutscht ihr schnell in den Alltag hinein.

Eure Partnerschaft wird zur langweiligen Gewohnheit. Sie verliert an Lebendigkeit, auch wenn sie von tiefer Liebe getragen wird.

Bitte seid diesbezüglich wach und engagiert. Erlebt euch, euren Partner und die Partnerschaft wie zum ersten Mal im Leben – frisch, neu, unschuldig, gespannt und aufgeregt, begeistert und leidenschaftlich, freudig und positiv erwartungsvoll.

Lasst euch tief berühren in eurem Körper, eurer Seele, euren Empfindungen. Nehmt mit allen Sinnen das Erlebte stets aufs Neue wahr, und zwar in euch selbst!

Der erste Augenblick des Erkennens.

Die erste Kontaktaufnahme.

Das erste Lächeln.

Die erste zarte Berührung eurer Hände.

Der erste Kuss.

Die erste Umarmung.

Die erste sexuelle Vereinigung.

Die ersten gemeinsamen Unternehmungen.

Es gibt so viele wundervolle Erinnerungen in euch. Haltet sie wach! Erlebt sie aufs Neue mit denselben glückseligen Emotionen.

Solltet ihr einige Punkte eurer Begegnung in unschöner Erinnerung haben (auch das kann es geben), kreiert euch neue Szenen und ersetzt die Emotionen und Gedanken durch wundervolle Erfahrungen. Schreibt sozusagen rückwirkend das Drehbuch um.

Rückt euch den Blickwinkel so zurecht, dass er für euch stets erfüllend und beglückend ist. Übt euch in der vollkommenen Vorstellung, auch wenn andere Menschen eventuell darüber urteilen und euch vorwerfen, das Leben schönzureden.

Das ist der Schlüssel zur dauerhaften Erfüllung. Ihr seid Schöpfer eures Lebens und könnt entsprechend auch eure Vergangenheit mit Gedanken und Gefühlen und mit Hilfe eurer Vorstellungskraft verändern.

Und seht stets alles durch die Augen der Liebe.

Seid Liebende! Seid stets Liebende! Dann werdet ihr den Himmel auf Erden erleben. Das Paradies ist nämlich jetzt!

Gebet

Wir sind ein Ausdruck göttlicher Liebe.
Wir sind das Wunder der Liebe.
Unsere Verbundenheit ist göttlich.
Geliebter Partner,
du, mein Ein und Alles,
du, mein herrlicher Liebster/meine herrliche Liebste,
ich danke, dass es dich gibt,
ich danke, dass wir uns haben,
ich achte und ehre unsere Partnerschaft.
Ich weiß um unsere menschlichen Belange
und setze meine Liebeskraft ein,
um uns beide zu stärken.
Denn wir sind zusammen zum Wohl der Menschheit,
in Liebe, Vollendung, Erfüllung und Vollkommenheit.
Das ist mir immer bewusst.
Dies ist uns beiden immer bewusst in Dankbarkeit.

Die Seelen- und Herzenspartnerschaft im Alltag

Eine Partnerschaft, die der Mensch aus dem Lieben heraus führt, ist stets heilig. Wie auch immer diese Partnerschaft gelebt wird, ihr Fundament ist die göttliche Liebe.

Solltest du dir dessen bewusst sein, dass du ein Liebender/eine Liebende bist, aber dein jetziger Partner noch nicht, dann vertraue darauf, dass das Richtige geschehen wird.

Es reicht, wenn sich nur einer der Partner dessen bewusst ist. Sobald du beginnst, deinen unbewusst lebenden Partner mit Liebe zu bestrahlen, ihn also mit Liebe zu nähren, legst du den Grundstein für eine gründliche Transformation eurer Beziehung.

Es ist also möglich, dass dein Partner sich verändert, dass er „aufwacht" und ebenfalls zu einem Liebenden/einer Liebenden wird. Diese Möglichkeit ist immer gegeben. Eure Partnerschaft ist auf jeden Fall heilig. Hab Geduld, und warte auf die Veränderung, denn dieser Prozess wird nicht über Nacht geschehen. Gib dir und deinem Partner Zeit. Liebe ihn, segne ihn, bestrahle ihn mit Liebe. Der Prozess der Wandlung wird dann voranschreiten. Und du wirst merken, in welche Richtung es gehen wird. Hab Vertrauen!

Solltest du zurzeit alleine leben, hab ebenfalls Vertrauen. Sei ein Liebender/eine Liebende. Bestrahle die Welt und alle deine Mitmenschen mit Liebe. Wenn die Zeit reif ist, wird dir der richtige Partner begegnen, ihr werdet euch finden und erkennen.

Solltest du deinen Seelen- und Herzenspartner bereits gefunden haben, wird es Zeit, eure heilige Partnerschaft täglich aufs Neue zu segnen.

Alles Irdische bedarf der täglichen Nahrung. So muss auch eine Beziehung genährt werden, um erfüllend erlebt zu werden. Wenn ihr eurer Beziehung keine Nahrung gebt, werdet ihr miteinander „verhungern". Eure Beziehung wird langweilig, ihr werdet immer öfter streiten oder euch nichts mehr zu sagen haben.

Liebe ist die Nahrung jeglicher Beziehung und Partnerschaft. Liebe ist das Fundament für Erfüllung, Vollendung und Vollkommenheit.

Daneben gilt es, Lieben ins tägliche Leben hineinzubringen und in den Alltag zu integrieren. Das kann auf individuelle Weise geschehen: durch Rituale, Worte und Taten, körperliche Nähe und natürlich durch den Liebesstrahl, den jeder aussendet.

Der Gedanke der Liebe, also die Liebesintention, muss ins Irdische getragen werden. Es reicht nicht, sich ihrer bewusst zu sein und sie dann zu vergessen. Dem Gedanken muss der schöpferische Akt der Liebe folgen. Und zwar immer wieder. Es ist nicht damit getan, einmal aktiv zu werden und zu glauben, die Beziehung würde dann zum Selbstläufer. Jegliche Beziehung bedarf täglicher Nahrung!

Fühle dich dafür verantwortlich. Bitte mach deinem Partner keine Vorwürfe deswegen. Wirf ihm nicht vor, dass er die Beziehung verhungern lässt, sondern werde selbst aktiv! Fühle dich verantwortlich und kommuniziere mit deinem Partner. Sag ihm: „Lass uns Liebe in unsere Partnerschaft senden! Lass uns gemeinsam aktiv werden!" Und dann überlegt, wie ihr das machen könnt.

Folgende Beispiele sollen Anregungen für euch sein, wie ihr eure Liebe segnet und heiligt.

1. Die heilige Hochzeit

Habt ihr eure Partnerschaft rituell besiegelt? Eventuell durch eine klassische Hochzeit oder ein gemeinsames Ritual der Verbundenheit? Rituale schaffen Verbundenheit und bringen das Geistig-Seelische ins Irdische. Sie besiegeln eine Tatsache und festigen sie dadurch. Eure wunderbare Beziehung wird durch ein Ritual, das als heilige Hochzeit bezeichnet wird, lebendiger, fester und inniger.

Eine klassische Hochzeit ist wertvoll, wenn sie euch beiden etwas bedeutet und ihr in solch einer Feier eure Liebe und Einheit bestätigt seht. Spürt in euch hinein und lasst euch dann auf ein wunderschönes Fest ein, mit allem, was ihr euch dazu wünscht. Liebt ihr die zauberhafte Romantik einer klassischen Trauung samt Brautkleid, Kutsche und Event, dann freut euch und genießt es, die Hochzeitsplanung zu übernehmen. Dazu gibt es zahlreiche Literatur. Lasst euch inspirieren und gestaltet euer Fest individuell.

Wenn euch eine bürgerliche oder kirchliche Trauung nichts bedeutet, könnt ihr dennoch eine Art geistige heilige Hochzeit vollziehen. Entweder nur für euch oder gemeinsam mit lieben, verständnisvollen Menschen, mit denen ihr feiern möchtet.

Mach dich frei von jeglichem Gedanken an eine herkömmliche Hochzeit, wenn du an ein heiliges Hochzeitsritual denkst.

Eine heilige Hochzeit ist das Symbol der Verschmelzung zweier Seelen. Ihr fühlt euch so sehr eins miteinander, dass ihr die erlebte Einheit der Liebe und Göttlichkeit im Irdischen manifestieren wollt.

Das hat nichts zu tun mit schnulziger, kitschiger Romantik und den üblichen Hochzeitsfeierlichkeiten. Dennoch ist es natürlich möglich, dass ihr eine richtig romantische und klassische Hochzeit feiert und darüber hinaus die spirituelle, heilige Hochzeit vollzieht. Es ist immer alles möglich. Spürt in euch und entscheidet dann, was ihr euch wünscht.

Das heilige Hochzeitsritual ist ein Segensgebet und ein Dank an Gott. Ihr sprecht es miteinander und einzeln. Dabei haltet ihr euch an den Händen. Das dazugehörige Drumherum könnt ihr nach Lust und Laune gestalten. Ihr könnt euch in schöne Gewänder hüllen, einen Altar mit Kerzen und persönlichen Gegenständen aufbauen, Blumen streuen, Ringe tauschen, euch Geschenke überreichen und eine feierliche Dekoration gestalten. Ihr könnt das Hochzeitsritual nur zu zweit oder mit Familie und Freunden begehen. Ihr könnt es draußen stattfinden lassen, unter einem Baum, an einem Bach, am Meer, in einem Pavillon, auf einer Waldlichtung, einer Blumenwiese, einem Felsen oder einem Berggipfel, ganz nach Wunsch. Oder an jedem anderen beliebigen Ort, zum Beispiel im eigenen Wohnzimmer, im Garten, in einem Schloss, auf einer Burg oder einem ungewöhnlichen Ort (Heißluftballon, Helikopter, Schiff usw.).

Einzig und allein eure Kreativität ist gefragt. Und wenn ihr das heilige Ritual zu Hause auf dem Sofa im Jogginganzug vornehmen wollt, dann ist das auch in Ordnung. Denn ihr gebt dem Ritual die Bedeutung für eure Beziehung. Und es sind die laut ausgesprochenen Worte, die Wirkkraft entfalten.

Die folgenden Worte sind ein Vorschlag der Geistigen Welt. Ihr könnt aber jederzeit eigene Worte kreieren oder den Vorschlag ergänzen und erweitern, damit ihr euch damit wohlfühlt.

Das heilige Hochzeitsritual

Ihr haltet euch an den Händen und sprecht nacheinander, zuerst die Frau, dann der Mann:

„Ich bin deine Herzensliebste/dein Herzensliebster meiner Seele.
Meine Seele ist mit deiner vereint,
um Gott zu loben und zu preisen,
um dankbar zu sein für unsere Vereinigung,
um Vollendung, Erfüllung und Vollkommenheit zu erfahren und meine Liebe zu dir zu unserer Freude und zum Wohl der Menschheit erblühen zu lassen.

In diesem Leben sind mein Herz und meine Seele mit dir vereint.
Wir verschmelzen miteinander im Geist, mit unseren Seelen und zur Freude unserer Körper.
Ich sende dir Gottes Segen.
Ich sende mir und dir Gottes Segen.
Ich sende unserer Partnerschaft Gottes Segen.
Lass uns gemeinsam im Licht Gottes wirken.
Lass uns strahlen.
Lass uns lieben.
Danke.
Amen."

Dann sprecht ihr gemeinsam:

„Wir danken Gott, dass wir zusammengefunden haben, dass wir uns lieben, und zum Wohl aller unsere Liebe in die Welt hinaustragen. Wir sind eins.
In diesem Leben vereinen wir uns körperlich, geistig und seelisch voller Freude und Glückseligkeit.
Wir danken von Herzen für unsere Liebe und segnen unsere Liebe, unsere Partnerschaft.
Wir leben gemeinsam ein erfülltes und glückliches Leben.
Wir sind Liebende.
So sei es.
Danke.
Amen."

Danach bestrahlt euch gegenseitig mit Liebe. Dazu schließt die Augen, umarmt euch und drückt eure Herzen aneinander. Stellt euch nun vor, wie der Strahl der Liebe als wunderbares, einzigartiges Geschenk aus euren Herzen fließt, jeweils hin zum anderen. Von Herz zu Herz fließt die Liebe, eure Liebe, in stetigem Austausch. Ihr seid gesegnet. Ihr seid Liebende und wahre Herzens- und Seelenpartner.

Beendet das aktive Aussenden des Liebesstrahls, wenn es sich zeitlich richtig anfühlt. Gerne könnt ihr einige Minuten in dieser Position verharren. Dann schaut euch in die Augen, löst euch voneinander und lächelt euch zu.

Ihr habt nun das Ritual der heiligen Hochzeit erlebt. Diese Erinnerung wird euch für immer in diesem Leben begleiten. Nun könnt ihr die Ringe tauschen, euch Geschenke überreichen, vielleicht gemeinsam ein Bäumchen pflanzen oder sonst etwas tun, was eure Verbundenheit im Irdischen besiegelt. Das kann wortlos geschehen. Ganz wie ihr mögt.

2. Das heilige Liebesnest (Sexualität)

Dem Menschen ist die wunderbarste Erfahrung geschenkt, die er gemeinsam mit einem Partner erleben kann: die heilige Sexualität.

Du kannst mit einem Menschen geistig-seelisch verschmelzen, von Seele zu Seele, aber die Wonnen der körperlichen Liebe bleiben einzig der irdischen Ebene vorbehalten. Ohne deinen großartigen Körper könntest du diese

Art der Erfüllung nicht erleben. Das ist das Schöne am Menschenleben. Ohne Körper wäre es nicht möglich, körperliche Nähe zu erfahren, sich und den anderen mit allen Sinnen wahrzunehmen und die Erfahrungen zu genießen.

Das ist der Sinn des irdischen Lebens: mit Freude dieses Leben zu erfahren, es mit allen Sinnen erfüllend zu erleben und die Fülle mit anderen zu teilen.

Deshalb sieh in der Begegnung mit deinem Partner einen heiligen, göttlichen Akt der Lust und Freude. Das ist euer Vergnügen und eure Möglichkeit, euch dem Göttlichen in euch zu öffnen.

Freue dich auf die sexuellen Begegnungen mit deinem Partner! Erfülle dein Herz mit dem Zauber der Erotik, der Kunst der Verführung und den Wonnen der menschlichen Nähe.

Bereitet das Liebesnest mit Hingabe. Stimmt euch aufeinander ein und seid wohlwollend, wenn der Partner zu müde oder zu erschöpft ist für die körperliche Liebe. Genießt dann die Nähe, die ihr euch körperlich schenken könnt, die Aufmerksamkeiten, das liebevolle Streicheln oder Massieren, das zarte Berühren im Alltag, die lustvollen Küsse, die wie Verheißungen sind, und den Zauber, sich aneinander zu wärmen.

Nehmt euch so oft es geht in die Arme. Schenkt euch Küsse und Berührungen. Macht mit liebenden Worten darauf aufmerksam, wie schön es ist, dass ihr einander habt.

„Ich liebe dich so sehr! Ich bete dich an! Ich bin so froh, dass es dich gibt! Ich begehre dich! Ich schenke mich dir so gerne! Ich empfange dich! Ich gebe mich dir hin! Ich lasse mich von dir erfüllen! Ich segne unsere heilige Begegnung! Ich verzehre mich nach dir! Ich liebe die Sehnsucht, dich zu spüren...!"

Alle diese Sätze drücken aus, wie wundervoll es ist, miteinander intim zu sein und sich immer wieder darauf zu freuen. Spart nicht mit Worten und Berührungen. Seid verschwenderisch mit euren körperlichen Ausdrucksweisen und Möglichkeiten. Schenkt euch dem anderen und empfangt ihn mit Freude bei und in euch. Öffnet dem Partner Herz, Seele und Körper, gefahrlos, hingebungsvoll, innig und intensiv. Genießt euer Miteinander und eure individuelle Art und Weise, intim zu sein.

Wenn einer von euch nicht so wortgewandt ist, drückt er seine Liebe und Nähe eben anders aus: mit Schmusen und Kuscheln, Berührungen und Taten. Auch das ist in Ordnung. Genießt das, was jeder von sich geben kann.

Je mehr ihr voller Freude den Liebesakt vollzieht, desto mehr Freude bringt ihr in die Welt hinein. Eure Sexualität ist eine Möglichkeit, Freude zu empfinden und die körperlichen Wonnen voller Erfüllung zu erleben.

Dazu ist es nicht nötig, dass ihr in perfekter Weise eure körperliche Liebe erlebt. Auch weniger intensive oder lustvolle Begegnungen bergen in sich eine einzigartige Schönheit und eine stille Erfüllung, wenn ihr mit ganzem Herzen dabei seid und Körper, Geist und Seele gemeinsam schwingen lasst.

Wie alles wird Sexualität von der fließenden Liebe getragen. Eine rein triebhafte, seelenlose und lieblose Sexualität bringt Enttäuschung und Leere mit sich.

Doch innerhalb einer Seelen- und Herzenspartnerschaft ist alles durchdrungen von fließender Liebe. Ihr seid es gewöhnt, eure Liebesstrahlen aufeinander zu richten, euch zu segnen und ganzheitlich zu begegnen, was auch immer euch im Alltag beschäftigt.

Das ist gut so und fließt in euer Liebesnest. Ihr werdet stets das Göttliche in euch und in eurem Partner wahrnehmen. Ihr werdet göttliches Licht und liebende Strahlen aussenden und empfangen. Alles an euch wird vor Freude und Erfüllung vibrieren, denn Liebe ist erfüllend. Sie fließt durch alle Bereiche des Seins, bis hinein in die kleinste Körperzelle. Euer Körper wird das wahrnehmen, die Liebesschwingung aufnehmen, von innen heraus leuchten und voller Energie sein.

Das körperlich zu empfinden wird absolut sexy sein!

Ihr werdet in der Lage sein, aus dem göttlichen Licht und den Liebesstrahlen euer Begehren zu schüren. Dann werdet ihr euch nacheinander verzehren und kaum erwarten können, sexuell vereint zu sein, weil ihr dann gemeinsam noch mehr leuchtet und euch Gott sehr nahe fühlt. In den Momenten der körperlichen Vereinigung werdet ihr es schaffen, das Göttliche körperlich zu fühlen.

Als Frau wird es herrlich für dich sein, deinen Geliebten in dir zu spüren. Du wirst so erfüllt von ihm sein und Gott in dir selbst und in ihm spüren. Dir wird vor lauter Lust und Freude der Atem wegbleiben, weil es so schön und erfüllend ist, immer und immer wieder, jedes Mal aufs Neue.

Als Mann wird es herrlich für dich sein, deine Geliebte auszufüllen und in ihr zu sein. Du wirst so sehr erfüllt sein von ihr und Gott in dir und in ihr spüren. Dir wird vor lauter Lust und Freude der Atem wegbleiben, weil es so schön und erfüllend ist, immer und immer wieder, jedes Mal aufs Neue.

Die sexuellen Begegnungen werden dich hingebungsvoll und dankbar zugleich machen. Du wirst dankbar und glücklich sein, dass du etwas so Schönes und Herrliches erleben kannst, auch wenn es nicht immer gleich intensiv empfunden wird.

Das Schöne ist darüber hinaus, dass dir die sexuelle Begegnung mit deinem Partner mit den Jahren nicht langweilig wird. Das Gefühl der Göttlichkeit und der Erfüllung beim Sex wird sich nicht abnutzen. Denn ihr werdet bewusst erleben, dass ihr bei jedem sexuellen Akt Gott in euch tragt. Der Sex wird euch auf allen Ebenen leuchten lassen, körperlich, geistig und seelisch. Und ihr werdet immer wieder das Gefühl haben, das Paradies auf Erden zu erleben, weil ihr durch eure Offenheit und Verschmelzung im Akt Gott ganz nahe seid.

Ihr werdet das immer wieder spüren wollen, weil es so schön ist, Gott beim Sex zu erleben. Beim Sex seid ihr so offen wie sonst nie im Irdischen. Ihr erlebt heilige Schwingungen, und eure sexuelle Begegnung ist wie ein Gebet. Das ist eine besondere Offenbarung, die durch eure bewusste Liebe Vollendung erfährt.

Alles, was ihr dazu braucht, ist euch bewusst zu machen, dass ihr Liebende seid und Gott jederzeit in euch ist.

Ihr sagt „Ja" zu der sexuellen Begegnung mit dem geliebten Partner. Ihr genießt es, mit dem Partner körperlich eins zu sein. So tief und nah wie beim Sex seid ihr euch im Irdischen und Körperlichen sonst nicht. Wenn ihr euch bewusst dieser göttlichen Erfahrung öffnet, werdet ihr ein herrliches Strömen spüren.

Der körperliche Höhepunkt wird nicht das sein, was ihr ausschließlich erstreben werdet, denn eure Körper werden voller Lust, Leidenschaft, Freude und Erfüllung vibrieren. Alles an euch wird strömen. Es wird sich anfühlen, als ob die wundervollsten Energien durch euch hindurchfließen und euch berauschen und glücklich machen.

Das ist Gottes Liebe, körperlich spür- und erlebbar!

Ihr spürt die höchste Erfüllung, die ein menschlicher Körper wahrnehmen kann. Und während eurer Verschmelzung teilt ihr diese Erfahrung miteinander.

Betet euch an, denn es ist der Moment, in dem ihr Gott wahrhaft in euch selbst erfahren könnt. Ihr erfahrt das Wunder des Lebens und die Freude der Lebendigkeit in euch.

Ja, ihr werdet leuchten! Ihr werdet Glückseligkeit erleben, von Moment zu Moment, immer wieder. Bei jeder wunderbaren Begegnung. Ja, ihr werdet diese Begegnungen herbeisehnen. Und während ihr miteinander Sex habt, werdet ihr euch immer mehr aufeinander einschwingen. Von Tag zu Tag, von Monat zu Monat, von Jahr zu Jahr werdet ihr harmonischer miteinander schwingen. Eure Herzen und Seelen werden im gleichen Takt, im gleichen Rhythmus schlagen. Ihr seid eins. Das ist das Geheimnis, warum euch miteinander nicht langweilig wird und ihr euch immer wieder auf die sexuelle Begegnung miteinander freut.

Und wenn ihr nach dem Sex selig in euren Betten ruht, oder es mal nicht so prickelnd und erregend war, werdet ihr euch immer wieder danach sehnen, die heiligen Momente der körperlichen Vereinigung bewusst zu erleben.

- Genießt den Moment, wenn ihr euch berührt.
- Genießt den Moment, wenn ihr euch küsst.
- Genießt den Moment, wenn ihr nackt zusammen seid.
- Genießt den Moment, wenn ihr euch körperlich vereinigt.
- Genießt die Momente, wenn ihr euch während der Vereinigung miteinander bewegt.
- Genießt alles, was ihr euch gegenseitig schenken könnt.
- Genießt es, euch füreinander und für die göttliche Erfahrung zu öffnen.

Auch in Zeiten, in denen ihr nicht viele Möglichkeiten habt, euch sexuell zu vereinen, spannt den Bogen der Sehnsucht und des Begehrens. Arbeitsintensive Zeiten, Zeiten der Krankheit und Erschöpfung oder der räumlichen Trennung gibt es in jeder Partnerschaft. Seht zu, dass ihr während dieser Zeiten eure Erotik lebendig haltet. Schreibt euch Zettel, wie wunderbar ihr euch findet und dass ihr euch nach eurem Partner sehnt. Verführt euch gegenseitig mit verwöhnenden Ritualen und Liebesbeweisen. Werdet kreativ, genießt andere Formen der Nähe und Zuwendung und schürt das Feuer der Anziehungskraft und Begierde, wann immer ihr könnt. Vor allem: Sendet euch Liebesstrahlen, damit ihr wisst, wie sehr ihr euch liebt, was auch immer geschieht.

Wenn eure Körper älter werden, verändert sich eure Sexualität. Dennoch wird das Feuer der körperlichen Freuden stets in euch brennen. Es gibt kein Alter für ein körperlich erfüllendes Miteinander. Einzig die Häufigkeit und eventuell auch die Art und Weise eurer gelebten Sexualität verändert sich, angepasst an eure Körper.

Das alles wird sich liebevoll gestalten, weil ihr euch stets in Liebesstrahlen hüllt. Die Lust, euch zu lieben, euch einander hinzugeben und Freude daran zu empfinden, wird nie vergehen.

Je mehr ihr euch freut, ein Mensch zu sein, Gott in euch und in jedem Geschöpf zu sehen und euch gegenseitig mit Liebesstrahlen zu nähren, desto mehr Lebenslust werdet ihr empfinden und desto offener und freudiger werdet ihr euch aufeinander freuen.

Und so werdet ihr es kaum erwarten können, eure Körper voller Freude sexuell tanzen zu lassen im liebevollen, leidenschaftlichen, wilden und verführerischen Rhythmus eurer Körper, Herzen und Seelen.

Die Tore zu einer erfüllten Sexualität sind:

- Sich selbst mit Liebesstrahlen nähren, sich lieben und mögen und Gott in sich sehen (Selbstliebe). Sich verwöhnen, dankbar sein für die eigene Existenz und die Aufmerksamkeit stets auf Liebe, Erfüllung, Freude und Herzlichkeit richten.

- Den Partner mit Liebesstrahlen nähren, ihn verwöhnen, in ihm Gott sehen und dankbar sein, dass es ihn gibt und er an deiner Seite ist.
- Das Leben lieben und gerne Mensch sein. Das Menschsein mit allen Seiten annehmen und dankbar dafür sein (Lebenslust empfinden).
- Erfahrungen, die mit negativen Emotionen und Stress verbunden sind, kommen und gehen lassen. Sie annehmen und loslassen.
- Sich auf die körperliche Erfahrung der Sexualität freuen.
- Sich auf den göttlichen Akt der Verschmelzung während der sexuellen Begegnung freuen.
- Sich auf Lust und Erfüllung freuen. Sich auf allen Ebenen für die wunderbare Erfahrung der Körperlichkeit öffnen, sich im Akt der Sexualität vom Leben, vom Partner und von Gott berühren lassen.
- Sich einander hingeben, sich gegenseitig empfangen und den Akt so genießen, wie er ist.
- Die gemeinsame Sexualität als wertvolles, göttliches Geschenk sehen.
- Zufrieden und dankbar sein, auch wenn die sexuelle Begegnung mal als nicht so berauschend und erfüllend empfunden wird.
- Offen über Wünsche und Bedürfnisse sprechen, sich gegenseitig vertrauen, sich auch im Alltag einander hingeben.

Gebet

Mein Geliebter/meine Geliebte,
ich sehe dich mit liebenden Augen,
begehre dich wie am ersten Tag
und bin glücklich, die heiligen Momente unserer
körperlichen Vereinigung zu erleben.
Ich kann es kaum erwarten, dich wieder zu spüren,
mich dir hinzugeben,
mich ganz auf dich einzulassen
und mit dir zu schwingen.
Unsere Seelen sind eins,
unsere Gedanken vereinen sich
und unsere Körper erleben die irdische Freude unserer
heiligen Sexualität.
Feiern wir deshalb unsere heilige Sexualität.
Freuen wir uns aufeinander.
Genießen wir unsere Intimität mit allen Sinnen.
Erleben wir das Paradies auf Erden, wenn wir uns
körperlich lieben.
Danken wir Gott, dass wir das erleben dürfen.

Liebevoller Umgang miteinander

Jegliche Partnerschaft benötigt Nahrung, um gedeihen zu können. Deshalb ist es so wichtig, dass du deiner Beziehung diese Nahrung zukommen lässt.

Die große menschliche Falle, die diesbezüglich auf dich wartet, hat mit dem Grundbedürfnis der Schöpfung zu tun. Es ist die tiefe, starke Sehnsucht nach Liebe. Du möchtest geliebt werden, und zwar auf alle möglichen Arten. Du willst respektiert werden, anerkannt, gelobt und gewürdigt und mit sichtlichen Zuwendungen bedacht. Du willst Worte hören, die dir beweisen, dass dein Partner dich so liebt und anerkennt, wie du bist. Du willst, dass er das mit Taten beweist, indem er dir im Haushalt hilft, bei der Kindererziehung und dir in allen anderen Dingen des Alltags zur Seite steht oder dir den Rücken freihält für deine berufliche, seelische und spirituelle Entwicklung. Du wünschst dir Unterstützung, Hilfe, Aufmerksamkeit und Zärtlichkeit. Und du möchtest begehrt, hofiert und verwöhnt werden, und zwar mit Leib und Seele.

Alle diese Erwartungen haben Menschen an ihren Partner und schmollen, wenn sie nicht in dem Umfang ihrer Vorstellungen erfüllt werden. Dann ziehen sie sich beleidigt zurück, warten weiter auf Liebesbeweise und hängen ihren Vorstellungen hinterher. Manche werden aggressiv und entwickeln wütende Emotionen. Sie warten eine Zeit lang oder gehen sofort in eine Vorwurfshaltung.

„Du hast mich nicht lieb. Du tust nichts für mich. Du lässt mich hängen. Ich bin dir egal…" Solche Vorwürfe zerstören die Partnerschaft. Aber auch Ich-Botschaften sind manchmal nur versteckte Vorwürfe, wie zum Beispiel: „Ich habe mir immer einen lieben Partner gewünscht, und was habe ich bekommen?" Oder: „Ich kann ja tun und lassen, was ich will, nie hörst du mir zu."

Willkommen im Kleinkrieg des Beziehungsalltags.

Herzens- und Seelenpartnerschaften funktionieren anders, denn ihnen sind die Tücken des menschlichen Miteinanders bewusst. Sie wissen um das Grundbedürfnis der Liebe und schenken sich gegenseitig diese Liebe, ohne ausschließlich darauf zu warten, Liebesbeweise zu erhalten.

Solltest du irgendwann innerhalb deiner Partnerschaft an den Punkt gelangen, an dem nur du der/die Gebende bist und Liebe aussendest, dann frage dich, was deinen Partner im Augenblick hindert, dir ebenso Liebe zu schenken.

Solltest du noch in einer lieblosen, unbewussten Partnerschaft leben, kannst du mit dem aktiven Lieben einen Wendepunkt herbeiführen, was jedoch nicht immer gelingt. Dann hast du das Recht, eine Entscheidung zu treffen und diese Partnerschaft aufzulösen.

Solltest du bereits in einer bewussten Herzens- und Seelenpartnerschaft leben, kann es dennoch kurzfristig immer mal zu einem Ungleichgewicht von Nehmen und Geben kommen.

Dann bist du aufgefordert, dich besonders liebevoll um deinen Partner zu kümmern. Nähre und versorge ihn mit deinen Liebesstrahlen. Höre ihm zu und finde behutsam heraus, was ihn so belastet, dass er nicht in der Lage ist, ebenso Liebesstrahlen auszusenden.

Hat er Probleme, seinen beruflichen Alltag zu managen? Fehlt es ihm an Zeit? Fühlt er sich krank? Belasten ihn Gedanken und Emotionen? Fühlt er sich körperlich, geistig oder seelisch ausgelaugt und erschöpft? Erlebt er eine menschliche Krise? Benötigt er Rückzug?

Ein empfindsamer Partner wird sich öffnen, wenn du sanft nachfragst.

Bitte gehe nie in die Vorwurfshaltung! Vorwürfe und Anklagen sowie Schmollen, Beleidigtsein oder kaltherziges, „eisiges" Verhalten führen einzig und allein zu Widerständen und Rückzug. Dein Partner wird sich noch mehr verschließen.

Auch der Satz: „Wir müssen reden!" ist ein Killersatz, der Angst macht. Denn fast immer kommt dann das große „Donnerwetter". Lass diesen Satz bitte ganz weg.

Manchmal ist es sogar besser, mit liebevollen Taten vorzugehen. Eine liebevolle Umarmung, eine Massage oder eine Kuscheleinheit im Bett erleichtern es der Seele, sich zu öffnen und die Last in Worte zu fassen.

Oft weiß der Partner selbst nicht, was wirklich in ihm vorgeht. Er fühlt sich einfach nicht wie sonst, ist angespannt und gereizt. Das kann seelische und geistige, aber auch rein körperliche Ursachen haben. Zum Beispiel reagieren Frauen während der zweiten Zyklushälfte oft anders als in der ersten. Oder sie haben mit Wechseljahrproblemen zu tun. Hormonelle Faktoren können sich auf Gemüt, Empfinden und Verhalten auswirken. Das betrifft übrigens beide Geschlechter!

Große Umbruchzeiten im Leben kommen hinzu. Die

Geburt eines Kindes, Berufswechsel, Umzug, Geburtstage, der Auszug eines Kindes, die Pflege eines Familienangehörigen und das eigene Älterwerden sind für jeden Menschen von großer Tragweite und kosten Nerven und Energie.

Solltest du gerade in einer harmonischen Phase deines Lebens stecken und dein Partner erlebt eine Krise, sei für ihn da und schenke ihm besonders viel Liebe in allen erdenklichen Formen. Fordere und verlange nichts, sondern sei ein Liebender/eine Liebende. Und wende öfter die Verschmelzungsübung an! Integriere Körper, Geist und Seele. Denke auch immer daran, dass der Ton die Musik macht.

Wenn du dir wünschst, dass dein Partner dir einen Gefallen tut, drücke stets die Freude und die Dankbarkeit, die zwischen euch herrscht und eure Liebe trägt, in deiner Wortwahl aus. Und lass dem anderen stets die Möglichkeit, den Zeitpunkt selbst zu bestimmen, wann er etwas für dich tun möchte. Bemühe dich deshalb, rechtzeitig mit deiner Bitte an ihn heranzutreten.

Sage zum Beispiel: „Ich freue mich so sehr, wenn du mir hilfst. Wann hättest du denn Zeit für mich?" Oder: „Ich bin so dankbar, dass ich dich habe. Nun benötige ich deine Hilfe. Es wäre schön, wenn du heute oder morgen…"

Unterstreiche deine Bitte mit einer zärtlichen Geste, einem Lächeln und dem Strahl deines Herzens. Und frage deinen Partner immer wieder: „Was kann ich heute Schönes für dich tun? Kann ich für dich da sein? Hast du einen Wunsch?"

Nun kann es dennoch sein, dass dein Partner anders reagiert. Er gibt dir sozusagen „einen Korb".

Zum Beispiel: „Nein, es tut mir leid, ich kann dir gerade nicht helfen. Es geht nicht, ich habe keine Zeit. Ich kann nicht. Frag jemand anderen."

Das ist zwar eine klare Absage, aber auch eine ehrliche Antwort. Sei dankbar, dass dein Partner so offen ist.

Oder du willst kuscheln, aber dein Partner will Rückzug. Er schiebt dich von sich weg.

Oder dein Partner hat ein Problem, will aber nicht darüber sprechen. Du merkst, dass etwas nicht stimmt, aber du kommst nicht an ihn heran.

Es kann sogar sein, dass dich dein Partner anlügt. Warum auch immer er das tut, es verletzt dich.

All diese Dinge können in dir Frust auslösen. Du bist enttäuscht, dass sich deine Vorstellungen und Erwartungen nicht erfüllen.

Gestehe dir ein, dass deine Reaktion auf jegliche Art der Ablehnung normal ist. Frust gehört zum Leben dazu, auch innerhalb einer Seelen- und Herzenspartnerschaft. Es gehört auch dazu, immer wieder Erwartungen und Bedürfnisse zu haben, die sich nicht erfüllen.

Wichtig ist nur, dass du lernst, diesen Frust auch wieder loszulassen, dich nicht in ihn hineinzusteigern und dir immer wieder bewusst zu werden, dass du Erwartungen hattest, die sich im Augenblick nicht erfüllen.

Bist du bereit, die Ablehnung deines Partners auszuhalten?

Bist du bereit, deinem Partner Liebe zu senden und ihn auf allen Ebenen zu nähren, auch wenn sich im Augenblick deine eigenen Bedürfnisse nicht erfüllen?

Bist du bereit anzuerkennen, dass selbst die wunderbarste Beziehung irdischen Mustern unterworfen ist? Und dass du ein Teil dieses Musters bist?

Wenn ja, bist du bereit für eine wahre Seelen- und Herzenspartnerschaft. Denn auch du wirst immer mal wieder Anlass sein, dass dein Partner von dir gefrustet und enttäuscht ist.

Seelen- und Herzenspaare sind sich bewusst, dass sich Menschen immer wieder gegenseitig verletzen können, manchmal absichtlich, aber meistens unabsichtlich und unbewusst. Es geschieht einfach. Niemand ist schuld. So ist das irdische Leben halt. Gleichgültig, was du tust oder nicht, wie du dich verhältst oder nicht – es kann sein, dass ein anderer durch dich Ablehnung erfährt, denn niemand kann es allen recht machen.

Das große Geheimnis einer harmonischen Partnerschaft ist es daher, sich der irdischen Muster bewusst zu sein, dadurch tolerant zu reagieren und stets ein Liebender/eine Liebende zu sein, was auch immer geschieht.

Wende dich deshalb bewusst von einer Anspruchshaltung ab, der kein Mensch gerecht werden kann. Du kannst als Mensch in deinem Verhalten nicht perfekt sein. Du bist in deinem göttlichen Sein perfekt, alles andere sind menschliche Erfahrungen, die freudig, aber auch schmerzhaft sein können.

Du lebst dieses Leben in Liebe. Du machst das Beste aus den Erfahrungen und Situationen deines Lebens und das Beste aus deiner Partnerschaft. Und doch werden immer wieder Fehler auftauchen, aus denen du lernen wirst.

Im göttlichen Sein bist du vollkommen. Deine Liebe zu deinem Partner ist vollkommen. Denke immer daran, dass Gott in dir und in jedem Menschen ist.

Wende dich zur Basis der Liebe. Wende dich an Gott. Sieh Gott in allem und jedem. Wenn du verletzt und gefrustet bist, richte deine Aufmerksamkeit auf die reine Liebe.

Gehe in die Aktion und sende Liebesstrahlen aus. Immer und immer wieder. Lass dich nicht abhalten davon, was auch immer um dich geschieht.

Sei dir gewiss: Als Mensch tust du dein Bestes, so gut du kannst. Und du tust es als Liebender/als Liebende.

Gebet

Gott, ich bin so dankbar, dass ich einen liebenden Partner habe.
Lass mich ihm zur Seite stehen.
Lass mich ihn nähren.
Lass mich ihn lieben mit all meiner menschlichen Kraft.
Lass mich für ihn da sein in allen Zeiten.
Lass mich die richtigen Worte und Gesten für ihn finden, wenn es ihm nicht gut geht.
Lass mich ein wahrer Liebender/eine wahre Liebende sein.
So wird Liebe zu mir zurückfließen,
auf welchen Wegen auch immer.
Ich werde stets Liebe fließen lassen,
um meine Partnerschaft zu heilen und zu heiligen.
Jetzt und immer.
Danke.

☆ ☆ ☆

Der tägliche Segen für deine Beziehung

Eine lebendige Beziehung lebt davon, dass beide Partner sich ihrer bewusst sind, sich einbringen und gegenseitig mit Liebe versorgen. Damit das im Alltag gelingt, kannst du deine Beziehung täglich segnen.

Dein Segen kann sogar mehrmals täglich erfolgen. Du kannst ihn still in Gedanken aussprechen, ihn aufschreiben, ein Gebet oder eine kleine Geschichte daraus machen, ihn als kleine Nachricht auf den Tisch legen oder ans Infobrett heften, ihn als E-Mail an deinen Partner verschicken, ihn singen, auf einem Instrument spielen oder ihn mit Gesten und Ritualen darbringen.

Die einfachste Form ist der still ausgesprochene Gedanke: Ich segne meine Partnerschaft. Das reicht schon. Wenn du dies täglich tust, wird deine Partnerschaft stets gesegnet sein. Und dir wird bewusst sein, wie schön es ist, diese Partnerschaft mit Lebendigkeit und segensreichen Liebesstrahlen zu füllen.

Dir wird bewusst sein, dass es eine göttliche Herzens- und Seelenpartnerschaft ist. Du wirst es fühlen! Es wird dich erfüllen, diesem Gedanken hinterherzuspüren, ihn mit allen Sinnen zu erfahren, dich in das Gefühl der Stimmigkeit und Herrlichkeit hineinzubegeben, Seligkeit und Glück zu erleben.

Ja, der tägliche Segen deiner Partnerschaft wird dir und deinem Partner eine besondere Glückseligkeit offenbaren, die nur ihr beide empfinden werdet, die aber für alle anderen Menschen spürbar sein wird.

Der tägliche Segen wird dafür sorgen, dass das Band eurer Liebe fest ist und wie ein Leuchtband eure Herzen umhüllt. Ihr werdet so sehr strahlen, dass es alle wahrnehmen können.

Ihr werdet im Alltag strahlen! Auch wenn ihr räumlich gerade nicht zusammen seid, wenn ihr eurer Arbeit nachgeht oder mit euren Alltagsverpflichtungen beschäftigt seid: Ihr werdet strahlen!

Selbst fremde Menschen werden – wenn sie mit euch zu tun haben – dieses innere Strahlen wahrnehmen. Sie werden erstaunt sein und sich fragen, woher das kommen mag.

Wenn sie nicht wissen, dass ihr mit dem wunderbarsten Partner der Welt zusammen seid, werden sie nach anderen Erklärungen suchen. Ihr aber werdet wissen, dass es das göttliche Band der Liebe ist, das euch durch euren täglichen Segen stets ans göttliche Licht anschließt, das durch euch sichtbar wird.

Du und dein Partner – ihr werdet beide strahlen! Und dann wird sich der Segen eurer Partnerschaft auf alle Menschen legen, die mit euch zu tun haben. Das wird ein ganz besonderes Geschenk an die Menschheit sein.

Deshalb ist es so schön, wenn sich im Neuen Zeitalter immer mehr Seelen- und Herzenspartner finden und miteinander in Resonanz gehen.

Beide Partner strahlen Liebe aus. Beide sind Liebende, füreinander und miteinander. Und für die Menschheit, die noch nicht im Glanz dieser Strahlkraft steht. Sie werden durch euch ein Vorbild haben. Euer Strahlen wird sie „anstecken". Sie werden entzündet werden. In ihren

Herzen und Seelen werden die Flammen der Liebe lodern. Schließlich werden sie wie ihr zu Liebenden werden und liebende Partner finden.

Eines Tages wird die ganze Menschheit strahlen.

Das alles kann das Segnen bewirken.

Deshalb segne deine Partnerschaft täglich.

Lass nicht nach! Sei aktiv! Sprich den Segen aus!

Vielleicht tust du es morgens nach dem Aufwachen oder abends vor dem Schlafengehen. Vielleicht beim Essen, im Auto, bei der Hausarbeit, in der Pause im Büro – wann auch immer.

Wenn du es mehrmals täglich tust, kann das nicht schaden, sondern es bringt dir stets das Wunder der Liebe in Erinnerung.

Erinnere dich: Du bist ein Teil dieser Partnerschaft. Du bist der geliebte Partner. Du bist der Liebende/die Liebende. Du bist aber auch der Geliebte/die Geliebte.

Es ist so herrlich, dass es euch gibt! Dass ihr euch gefunden habt! Dass ihr diesem Leben Gestalt gebt und strahlt, zum Wohl aller.

Gebet

Ich segne meine Partnerschaft.
Jeden Tag segne ich sie voller Freude.
Jeden Tag erlebe ich die Erfüllung innerhalb dieser Partnerschaft.
Jeden Tag erlebe ich Glückseligkeit mit dir,
du geliebter Partner.
Gott segnet unsere Partnerschaft.
Gottes Licht scheint auf uns, erhellt uns und lässt uns strahlen.
Wir strahlen im Segen Gottes
zum Wohle aller.
Ich bin so dankbar dafür.

Das Liebesgeschenk für deine Beziehung

Jeder gemeinsame Tag deiner Beziehung ist ein Geschenk. Dir wird das Zusammenleben mit deinem Partner geschenkt. Und das ist – wie alles Irdische – von begrenzter zeitlicher Dauer. Denn eines Tages lässt du den irdischen Leib hinter dir.

Wenn du dir bewusst bist, dass jeder Tag deines Lebens und deiner Beziehung ein Geschenk ist, dann gehst du achtsam und liebevoll mit dir und deinem Partner um.

Das pauschale Argument, dass du keine Zeit hast, lässt du dann nicht mehr gelten. Du nimmst dir einfach die Zeit, die du brauchst, um deine Partnerschaft zu nähren, und setzt Prioritäten. Dein Partner ist dir dann so wichtig, dass er an erster Stelle in deinem Leben steht.

Wenn du in einer Seelen- und Herzenspartnerschaft lebst, ist deine Partnerschaft ein sehr wichtiger Teil deines Lebens. Das wird dich vielleicht verwundern, wenn du bisher andere Prioritäten hattest und zum Beispiel deinen Beruf, deinen Freundeskreis oder deine Freizeitgestaltung an die erste Stelle in deinem Leben gesetzt hast.

Eine Seelen- und Herzenspartnerschaft zu führen heißt nicht, dass du ab sofort nur noch alles mit deinem Partner zusammen erleben wirst. Nach wie vor wird es wichtig sein, dass du deine persönlichen Interessen auslebst, auch mal alleine sein kannst und dich als freie, unabhängige Persönlichkeit siehst.

Es wird sogar so sein, dass du innerhalb dieser Partnerschaft ganz zu dir selbst findest und dein Partner dein persönliches Wachstum unterstützt. Mit ihm zusammen wirst du dich auf allen Ebenen entfalten können – körperlich, seelisch und geistig. Seine Liebe wird dich nähren, sodass du leuchtest.

Durch diese Partnerschaft wirst du die Kraft haben, ein Licht für die Welt zu sein. Du wirst leuchten. Und dein Partner auch. Gemeinsam werdet ihr eine Stärke ausdrücken, die fähig ist, die Welt zu tragen, zu führen und mit Liebe zu verändern.

Das ist wichtig, wichtiger als dein Hobby, dein Beruf oder das Treffen mit Freunden. Du wirst dich nach wie vor um deinen Beruf kümmern, dich mit Freunden treffen und dein Hobby ausüben, doch nichts davon wird an erster Stelle in deinem Leben stehen.

Deine Prioritäten verändern sich. Das ist alles.

Um das volle Potenzial deiner Partnerschaft auszuschöpfen, kannst du dir Zeit nehmen und im täglichen Leben immer wieder eure Partnerschaft aufs Neue feiern.

Kreiere dir zusammen mit deinem Partner Rituale, die bei euch beiden das Bewusstsein für eure Partnerschaft stärken und euch veranlassen, Zeit miteinander zu verbringen.

Die folgenden Vorschläge kannst du zum Vorbild nehmen, sie ergänzen oder eigene entwickeln.

- Legt euch ein Regal, eine Vitrine, einen Tisch oder eine andere Ablage zu, die ihr wie einen Altar gestaltet. Dort stellt ihr Fotos von euch auf, legt Erinnerungsgegenstände hin, stellt Kerzen auf usw. An diesen Al-

tar könnt ihr immer wieder gemeinsam treten, euch die Hände reichen, euch küssen, euch segnen, miteinander beten und Liebe zueinander fließen lassen.
- Feiert einmal im Monat einen besonderen Tag der Liebe. Legt diesen Tag fest, zum Beispiel immer am fünfzehnten eines Monats. An diesem Tag geht ihr essen, überreicht euch kleine Geschenke, sucht euren Altar auf und sprecht ein gemeinsames Gebet
- Erschafft euch Alltagsrituale, die euch Halt und Stütze im täglichen Beisammensein sind. Zum Beispiel: sich abends vor dem Fernseher gegenseitig krauen, morgens den Kaffee im Bett trinken, mittags vor dem Essen beten, ein gemeinsames Hobby ausüben usw.
- Überrascht euch mit kleinen Nachrichten und Liebesgrüßen per Handzettel oder E-Mail. Handzettel könnt ihr ins Bad kleben, auf den Esstisch, an die Mikrowelle – wo immer ihr Lust habt. E-Mails sind nette Überraschungen, die Leib und Seele guttun. Nachrichten wie: „Du bist die Beste" oder „Herrlicher Mann, ich liebe dich", sind Zeichen der Liebe und schenken Aufmerksamkeit und Anerkennung.
- Interessiert euch für das Leben des anderen. Fragt ihn, wie sein Tag war, wenn er nach Hause kommt, wisst über seine Vorlieben Bescheid und was ihn im Alltag bewegt und berührt.
- Lasst euch Freiräume und Zeiten, die nur jedem alleine gehören. Respektiert diese Freiräume und freut euch umso mehr, wenn ihr anschließend wieder zusammenkommt.

- Gönnt euch liebende Berührungen. Es muss nicht immer eine ausgiebige Massage sein. Im Alltag tut es manchmal schon gut, wenn man sich regelmäßig in die Arme nimmt, sich über die Schultern streicht, die Füße krault oder den Rücken abklopft. Streicheleinheiten tun Leib und Seele gut und sollten jeden Tag in irgendeiner Form Anwendung finden.
- Begeht Tage wie Geburtstage, den Hochzeitstag und andere Erinnerungstage mit besonderen Ritualen. Ihr könnt auch jährlich euer Hochzeitsversprechen wiederholen, eine Partnerschaftsparty feiern oder einen schönen Ausflug oder Urlaub machen.

Euer Leben im Auftrag der göttlichen Schöpfung

Seid euch bitte immer bewusst, dass eure Partnerschaft gesegnet ist und ihr jederzeit die Möglichkeit habt, aus eurer Einheit heraus gemeinsam Liebesstrahlen zu versenden. Das wird eine der Hauptaufgaben in eurem Leben sein.

Ihr habt euch nicht nur gefunden, um zu eurem Wohl ein vergnügliches Leben zu führen. Euer und das Wohl aller werden immer eine Einheit bilden.

Eure Partnerschaft ist ein Auftrag im Namen Gottes, um Liebe in diese Welt zu bringen. Durch euer Dasein und eure Taten werdet ihr Licht und Liebe in die Welt bringen.

Dass ihr euch gefunden habt und euer Leben miteinander teilt, ist schon Strahlkraft genug. Aber ihr seid auch aufgefordert, euch für die Welt einzusetzen.

Zeigt Engagement!

Das tut ihr im gemeinsamen Wirken, partnerschaftlich und beruflich. Oder durch eine karitative Tätigkeit, die ihr gemeinsam tragt und voranbringt.

Es kann auch zu eurer gemeinsamen Aufgabe gehören, Eltern zu sein. Kinder der Neuen Zeit benötigten spirituell entwickelte und reife Seelen, die liebesfähig sind, Verantwortung übernehmen und Führungsqualitäten aufweisen können.

Denn ihr werdet stets Vorbild sein für andere Menschen – für Singles, Paare, Heranwachsende sowie für ältere Generationen.

Seid euch bewusst, dass ihr Strahlkraft besitzt, Vorbildfunktionen einnehmt und miteinander eine besondere Kraft und Macht entfalten könnt.

Interpretiert bitte das Wort „Macht" nicht negativ, sondern im Sinne von lichtvoller und liebevoller, kreativer und schöpferischer Macht, dieser Welt Licht und Liebe zu schenken und euch mit euren Gaben voll und ganz zur Gestaltung der Gegenwart einzubringen.

Seid kraftvoll und weise zugleich. Ihr habt innerhalb einer Seelen- und Herzenspartnerschaft die Kompetenz dazu. Ihr seid würdig und auserwählt. Ihr seid die Auserwählten, um die Welt mit Liebe zu versorgen.

Jeder von euch tut dies schon für sich. Aber wenn ihr gemeinsam Liebe ausstrahlt, wird eine mächtige Liebesbewegung durchs Universum schwappen.

Bitte nehmt euch die Zeit, immer wieder gemeinsam bewusst Liebesstrahlen auszusenden.

Die folgende Übung soll euch dabei unterstützen und begleiten.

Die gemeinsame Liebesübung für die Schöpfung

Stellt euch nebeneinander und reicht euch die Hände. Richtet euren Blick nach vorne und schließt dann die Augen. Nun stellt euch gegenseitig vor, wie Gottes Liebe euch nährt und füllt.

Sobald ihr die Fülle in euch spürt, stellt sich jeder von euch vor, wie vor seinem inneren Auge die Erde auftaucht.

Ihr seht die Erde von außen. Betrachtet sie und seht, wie wunderbar sie ist.

Formt nun einen Lichtstrahl. Jeder von euch sendet einen Lichtstrahl aus dem Herzen auf die Erde, die ihr vor euren inneren Augen seht. Die beiden Lichtstrahlen vereinen sich. Eure Herzen vereinen sich ebenfalls. Ihr produziert nun einen wundervollen Lichtstrahl aus eurer Herzens- und Seeleneinheit heraus. Euer Lichtstrahl ist so gigantisch, immens und intensiv leuchtend, dass er die Erde komplett umhüllt und versorgt. Reine Liebe strömt aus euren Herzen zur Erde.

Sobald einer von euch die Hände des anderen drückt, ist es das Zeichen, dass die Übung zu Ende ist. Öffnet die Augen, löst eure Hände und umarmt euch lächelnd. Dankt Gott für diese Erfahrung.

Ihr könnt euch vorher absprechen, wen oder was ihr mit eurer vereinten Herzensliebe bestrahlen wollt. Das kann eine Person sein, die gerade viel Unterstützung benötigt, euer Heim, ein Landstrich, eure Gemeinde, eure Kinder, eure Freude, euer Garten, bis hin zum gesamten Universum. Entscheidet vorher, wohin euer vereinter Liebesstrahl geschickt werden soll.

Es wäre schön, wenn ihr wenigstens einmal wöchentlich Zeit für diese Übung hättet. Sie muss nicht lange dauern. Drei bis fünf Minuten reichen schon aus. Manchmal mehr, manchmal weniger.

Seid euch stets bewusst, dass ihr diese Kraft in euch tragt und als Liebespaar der Neuen Zeit stets im Dienst der Schöpfung steht. Und es macht richtig Spaß, gemeinsam Liebesstrahlen auszusenden.

Wenn ihr ein anderes Seelen- und Herzenspaar kennt, trefft euch regelmäßig mit ihm und führt die Übung zu viert aus.

Das wird für euch alle eine wunderbare Erfahrung sein und euch zu Erleuchteten machen, die die Glückseligkeit auf Erden erleben. Denn es gibt nichts Schöneres und Erfüllenderes, als bewusst Liebesstrahlen auszusenden und ein Liebender/eine Liebende zu sein.

Gebet

Ich freue mich so,
dass ich mit dir, mein Geliebter/meine Geliebte,
der Menschheit und der gesamten Schöpfung
dienen kann.
Gemeinsam strahlen wir aus unserem vereinten Herzen
heraus.
Wir senden Licht- und Liebesstrahlen auf die Erde.
Wir senden Licht- und Liebesstrahlen in jede dunkle Ecke,
auf dass göttliches Licht alles erhellt und heilt.
Unsere gemeinsame Heilkraft entfalten wir,
indem wir unsere Seelen und Herzen vereinen
und zum Wohl aller Liebende sind.
So sei es.
Danke.
Amen.

☆☆☆

Mediale Verbundenheit

In den nächsten Jahren werden sich immer mehr Paare finden, die geöffnete Sinne und mediale Fähigkeiten haben. Einige dieser Paare leben bereits zusammen.

Jeder Mensch trägt das Potenzial in sich, Einfühlungsvermögen zu entwickeln und dieses medial in seinem Leben wirken zu lassen. Die immer weiter ansteigenden Schwingungsfrequenzen der Erde und des gesamten Universums tragen darüber hinaus dazu bei, dass bald alle Geschöpfe ihre medialen Sinne entfalten und empathische Empfindungen äußern werden. Es liegt am Menschen selbst, sich dessen bewusst zu sein und zur großen Freude und zum Wohl der Schöpfung dieses in den Alltag zu integrieren.

Zwischen Liebenden ist es beinahe natürlich, dass man sich in die Seele des anderen einfühlt, ihn ganz und gar wahrnimmt, ihn erkennt mit all seinen Stärken und Schwächen und ihn so sehr spürt, dass alle Sinne jubeln und singen.

Liebespaaren der Neuen Zeit ist es gegeben, die Tür zu öffnen für die Seelenschwingungen des anderen. Ihr werdet einander im Herzen tragen, in euren Seelen und in jedem Atemzug, den ihr macht.

Mehr noch, ihr werdet die Seelenmelodie des Partners in euch tragen, seine Ausstrahlung, seinen Seelenklang und seine einzigartige Seelenschwingung. Und daraus werdet ihr ein eigenes Lied kreieren, das von eurer besonderen Liebe erzählt.

Ihr werdet einander spüren, so sehr, dass es frohlockt

in euch, wenn sich der Partner wohlfühlt, und es schmerzt, wenn er einen schlechten Tag hat. Ihr seid verbunden mit euren Seelen und nehmt euch über eure erhellten und erleuchteten Sinne wahr.

Je nachdem, welche Sinne bei euch im Vordergrund stehen, werdet ihr euch intensiv hören, sehen, riechen, schmecken und voneinander berührt sein. Auch wenn ihr an verschiedenen Orten weilt, werdet ihr stets die Seelenmelodie des Partners in euch tragen. Die Seele eures Partners ist tief verankert in eurer Seele. Ihr seid in Liebe verbunden – über alle Dimensionen hinweg in diesem irdischen Leben.

Wie sieht diese Medialität nun konkret aus?

Ihr werdet stets verbunden mit dem Partner sein, seine Gefühle miterleben, ihn vor euren inneren Augen agieren sehen, wissen, was ihn beschäftigt und bewegt, und jeden Atemzug miterleben können. Seine Gedanken werdet ihr mitbekommen, seine inneren Regungen und Gefühle, und ihr werdet seine geheimsten Sehnsüchte miterleben.

Hier nun einige Beispiele: Ihr werdet wissen, wann es euerm Partner schlecht geht und er Ärger am Arbeitsplatz hat. Ihr seht ihn innerhalb einer Vision und inneren Bildern, wie er gerade im Supermarkt Waschmittel kauft. Ihr hört seine Seelenmelodie in hellen Tönen, weil er sich freut, bald zu euch nach Hause zu kommen. Ihr spürt, wie er jetzt müde im Auto unterwegs ist und total erschöpft versucht, sich wachzuhalten. Ihr wisst, dass euer Partner jetzt gerade überlegt, wie er am besten das Wochenende mit der Schwiegermutter verschieben kann.

Dies sind nur einige Beispiele. Ihr wisst selbst, dass ihr oft dasselbe denkt, sagt, empfindet, spürt und fühlt wie euer Partner. Ihr seid auf eine gewisse Art und Weise transparent füreinander und so miteinander verbunden, dass ihr alle Gefühle, Gedanken, Empfindungen und Taten auf geistiger Ebene miteinander teilt.

Das mag euch zunächst Angst machen, denn es gibt keine Privatsphäre mehr. Und es stimmt: Immer mehr wird es den Menschen bewusst, dass sie eins sind. Sie sind stets in Liebe miteinander verbunden, aber auch mit allem anderen. Diese Tatsache beschränkt sich nicht nur auf die Partnerschaft. Schon heute ist es vielen Menschen gegeben, stets alles wahrzunehmen, mit dem sie in Resonanz gehen. Sie sind am Herzschlag der Welt beteiligt, ob sie wollen oder nicht.

Das wird die große Herausforderung der kommenden Jahre werden, denn die herkömmliche Art der Abgrenzung wird nicht mehr möglich sein. Die Verbundenheit ist wirksam, auch wenn ihr betet, dass es nicht so ist, euch mit Schutzritualen eindeckt, räuchert und abgrenzende Sprays verwendet. Ihr seid stets in Resonanz. Aber es werden neue Wege gefunden werden, die das mediale Miteinander regeln und jedem von euch auch eine Privatsphäre zubilligen. Denn ohne klare Regeln und ein liebendes Miteinander sind alle Menschen überfordert mit ihren stets offenen Sinnen und den vielen Wahrnehmungen, die sie verarbeiten müssen.

Innerhalb eurer Partnerschaft sollte euch eure Medialität immer heilig sein.

Bitte sprecht offen darüber! Das gilt vor allem dann, wenn ihr euch von den Wahrnehmungen überfordert fühlt und euch um den Partner sorgt wegen eurer – manchmal negativen – Empfindungen, was die Gefühle und Gedanken des Partners betrifft.

Auf keinen Fall dürft ihr Druck ausüben und dem Partner seine Gefühle vorwerfen. Fühlt sich euer Partner schlecht und ihr könnt es spüren, dann unterstützt ihn in Liebe als Liebender und Liebende mit euren Herzensstrahlen. Fallt nicht ebenso in ein dumpfes Gefühl und werft ihm nicht vor, er müsse sich gut fühlen, damit ihr euch gut fühlt. Dies lässt euer Zusammensein unerträglich werden. Das kostbare Geschenk der Medialität wird dann zur Last und nicht mehr zur Freude.

Bitte sorgt für euch und übernehmt die Verantwortung für jedes eurer Gefühle. Dann könnt ihr die wunderbare Heiligkeit eurer Medialität voll und ganz genießen.

Besonders wichtig ist es, sich Freiräume zu gönnen und nicht ständig in den anderen hineinzuspüren. Jeder von euch braucht diese individuelle Sphäre, die nur ihm alleine gehört. Achtet deshalb respektvoll darauf, dass ihr bei euch selbst bleibt. Keiner hat das Recht, seinen Partner ständig zu „durchleuchten".

Ein liebendes, erfüllendes Miteinander berücksichtigt immer, dass ihr einzigartige Individuen seid, die ihre Gefühle, Gedanken und Taten nicht immer mit dem Partner oder jemand anderem teilen wollen.

Dennoch ist es ein göttliches Geschenk, den Geliebten/die Geliebte mit der ihm/ihr eigenen Seelenstimmung in sich zu spüren. Seid dankbar dafür und wertschätzt diese Gabe.

Denn es ist stets ein himmlisches Wunder – eine Nuance der Erfüllung und göttlichen Einheit –, die Seele des anderen in der eigenen zu tragen, die Herzensregungen des Partners zu spüren, ihn mit jeder Faser des Daseins zu erkennen und zu lieben und mit ihm die Liebe der Seele, des Leibs und des Geistes zu teilen.

Diese heilige Medialität sollte innerhalb eurer Zweisamkeit bleiben und geht niemanden sonst etwas an, sie ist eurer Intimsphäre vorbehalten. Sie ist euer Schatz, euer Band, euer Ausdruck von Einheit und fließender Liebe.

Es kann gut sein, dass bisher nur einer von euch mit der Gabe der Medialität gesegnet ist. Noch gibt es solche „einseitige" Beziehungen, bei denen einer stark medial veranlagt ist und den anderen komplett erspüren und erfahren kann, und der andere nimmt nichts wahr oder ist fast gar nicht empathisch. Diese Beziehungen werden entweder so verändert werden, dass beide sich füreinander medial öffnen und eine wahre Seelenpartnerschaft führen können, oder sie werden sich erfüllt haben und auseinandergehen. Auf Dauer wirken solche einseitigen Beziehungen nicht göttlich inspiriert, aber die Chance der Transformation ist in jeder Beziehung gegeben.

Im Laufe der Zeit werden einseitige Beziehungen, die zu wahren Seelenbeziehungen werden, sich so verändern, dass beide Partner medial einander spüren und erleben können, denn jede mediale Wahrnehmung wächst mit der gegenseitigen Achtung und Liebe, die ihr füreinander aufbringt. Das ist ein Prozess, der sich eurer Partnerschaft individuell anpasst und dann langsam erblüht. Ihr wachst gemeinsam in eure persönliche Beziehungsmedialität hinein.

Diesen Prozess braucht ihr auch nicht zu fördern. Es bedarf weder einer medialen Schulung noch anderer Seminare und Beschleunigungstechniken. Die Neue Zeit bringt es mit sich, dass alles so geschieht, wie es sein soll. Eure medialen Wahrnehmungen werden sich entfalten, verfeinern und schließlich auf die Art und Weise erblühen, die eurer Beziehung entspricht.

Sehr oft wird es so sein, dass ihr unterschiedliche Wahrnehmungskanäle habt, über die ihr die Seelenschwingung eures Geliebten/eurer Geliebten empfangen könnt. Manche von euch erhalten eher Visionen und sehen, was der andere fühlt, denkt und unternimmt. Andere haben eine ausgeprägte innere Stimme oder wissen einfach, was im Partner vor sich geht. Es ist normal, dass jeder die Wahrnehmungskanäle primär öffnet, die für ihn im Augenblick gut und richtig sind.

Hellfühlen, Hellsehen, Hellhören, Hellwissen werden die primären Kanäle der medialen Wahrnehmung sein. Aber auch das ist einem dynamischen Prozess unterworfen und kann sich mit der Zeit verändern, sodass Menschen, die mehr visuell orientiert sind, plötzlich alles wissen oder hören. Diese Veränderung hängt mit der aktuellen Lebenssituation, der Lebensbestimmung, der körperlich-seelisch-geistigen Entwicklung, der Schwingungserhöhung der Erde und vielen anderen Faktoren zusammen. Sollte sich also etwas in eurer medialen Wahrnehmung verändern, ist das normal. Das Riechen und Schmecken wird sich dabei stets an einen der anderen, primär entwickelten „Hell-Sinn" anschließen.

Wünsche, Sehnsüchte – ja, sogar die Lebensbestimmung kann der Partner wahrnehmen, wenn er sich zart und sachte in den Geliebten/die Geliebte einfühlt. Ihr seid füreinander perfekte Spiegel und strahlt all die Liebe zurück, die ihr einander schenkt.

Die Neue Zeit bringt es mit sich, dass das irdische Leben sehr dynamischen Prozessen unterliegt. Ihr werdet viel unterwegs sein, auf Reisen, beruflich und in der Freizeit. Und ihr werdet vernetzt sein über alle Medien. Vor allem aber werdet ihr euch gegenseitig spüren, wo auch immer ihr gerade seid auf der Welt, was auch immer gerade geschieht in eurem Leben und welche Aufgaben auch immer vor euch liegen.

Durch dieses gegenseitige Spüren und Wahrnehmen – über alle räumlichen Distanzen hinweg – werdet ihr euch immer nahe fühlen, die freudige Sehnsucht erleben, einander zu lieben und verbunden zu sein.

Das Wissen, dass euch nichts wirklich trennen kann, keine Entfernung, keine Dimension und letztendlich auch keine zeitliche Ebene, wird euch in Hochstimmung versetzen und trösten, wenn ihr einmal unterschiedlichen Aufgaben nachgehen müsst und nicht körperlich zusammen sein könnt.

Immer aber bleibt euch auch die Möglichkeit, ganz bei euch zu sein, wenn ihr nur euch selbst spüren wollt. Achtet sorgsam darauf, dass die Dynamik zwischen dem eigenen

Selbst und der absoluten Verschmelzung und Einheit stets fließend und erfrischend ist.

Es ist nicht gut für den Menschen, immer nur ganz bei sich zu sein. Und es ist nicht gut, immer nur im vereinten Bewusstsein zu leben. Erst der pulsierende Prozess aus beiden Möglichkeiten – und nichts anderes ist im irdischen Dasein innerhalb der Dualität vorgesehen – schenkt euch Freiheit, Lebendigkeit und Erleuchtung zugleich. Immer wieder aufs Neue.

Den anderen ganz und gar in sich zu wissen – seelenverschmolzen und mit den Sinnen des Körpers sowie mit dem ganzen Bewusstsein wahrnehmbar –, ist eine berauschende Erfahrung. Diese wird aber erst dann zur himmlischen Vollkommenheit, wenn ihr im Bewusstsein des Liebenden seid. Sie erfüllt sich und transformiert alles, wenn ihr mit den Augen der Liebe sehen könnt. Seid vollkommen Liebende!

Das ist im irdischen Alltag leider nicht immer gegeben und selbstverständlich. Dafür muss sich jeder Mensch immer wieder entscheiden und den Liebesstrahl bewusst aktivieren. Da das irdische Leben wenig perfekt ist und auch keine Perfektion anstrebt, ist es ein täglicher Akt der Selbstliebe und Liebe, ins Bewusstsein eines Liebenden einzutauchen und zum Liebenden zu werden; immer wieder aufs Neue und trotz der täglichen Herausforderungen, Enttäuschungen, unrealistischen Erwartungen und Idealvorstellungen einer Partnerschaft, die es zu verarbeiten und zu überwinden gilt.

Toleranz, Vertrauen, Vergebung, Geduld und Nachsicht sind die Grundpfeiler jeder Beziehung – vor allem innerhalb einer medialen Beziehung, in der sich die Partner ständig gegenseitig in die Seele schauen, sich tragen, begleiten und füreinander da sind.

Die Seele des Geliebten/der Geliebten in sich zu tragen ist das größte Geschenk, das Menschen miteinander teilen können. Es ist eine Einheit, die über alles Irdische hinausgeht und doch im Alltag bewusst erfahren und erlebt werden kann. Es bedarf der täglichen Wertschätzung und Gnade, dieses kostbare Geschenk zu achten, zu hüten, zu beschützen, zu wahren, zu ehren, zu würdigen und zu lieben.

Gebet

Ich trage dich in mir, geliebte Seele.
Kann dich spüren,
kann dich sehen,
kann dich hören,
kann dich erfühlen,
kann dich riechen und schmecken.
Kann dich mit allen Sinnen in Liebe erleben und erfahren.
Ich trage dich in mir in tiefer, tiefer Liebe.
Ich achte und ehre das Geschenk deiner Seele,
das du in mir offenbarst.
Ich verneige mich davor, dass du mir dieses Geschenk
in Liebe anvertraust
Achtsam, respektvoll und liebevoll werde ich es hüten,
so, wie ich unsere Liebe hüte, ehre und achte.

Mit Kindern leben

Auch in der Zukunft wird es eine einzigartige Aufgabe sein, Kinder zu bekommen und zu erziehen. Kinder von Liebespaaren der Neuen Zeit sind vielleicht nicht alle geplante Kinder, aber sie sind auf jeden Fall Wunschkinder, die Ausdruck der gemeinsamen Liebe sind. Es wird dem Paar eine große Freude sein, einem Kind das Leben zu schenken und es als Eltern auf dem Weg durchs Leben zu begleiten.

Viele Kinder werden Plan- und Wunschkinder sein. Die werdenden Eltern werden sich bewusst sein, dass eine neue Seele zu ihnen möchte, und sie werden darüber sehr erfreut sein und alles dafür tun, diese Seele im Leben willkommen zu heißen. Spirituelle Kinder, die entsprechende Eltern benötigen, um sich voll und ganz entfalten zu können, werden bewusst Liebespaare der Neuen Zeit auswählen. Denn dort finden sie die besten Voraussetzungen für ihren reinen und liebevollen Seelenplan.

Es ist deshalb ein großes Glück, sich für die Elternschaft zu entscheiden, wenn man in Liebe zueinander gefunden hat und eine Seelenbeziehung führt, die von göttlichem Bewusstsein geprägt ist.

Der Idealfall ist nach wie vor die gelebte Liebe im kleinsten Rahmen als Vater, Mutter und Kind oder Kinder. Dieses ideale Miteinander ist möglich, wenn sich Liebespaare finden, die frei füreinander sind und noch keine Kinder in die Beziehung mitbringen.

Dennoch wird es eine große Anzahl an Liebespaaren

geben, die bereits Kinder in die Beziehung mitbringen. Gemischte Familien sind keine Seltenheit. Es gab sie schon immer. Das wird auch in Zukunft so bleiben und bedarf von allen Seite sehr viel Behutsamkeit, Achtsamkeit, Toleranz und ein starkes Gemeinschaftsgefühl.

In vielen sogenannten Patchwork-Familien ist das immer noch nicht gegeben. Es herrscht oft ein energetisches Ungleichgewicht zwischen den ursprünglichen Eltern, „ihren" und „seinen" Kindern, den Stiefeltern und der gesamten Verwandtschaft. Solche Beziehungen sind für alle Beteiligten aufreibend, unerfreulich und kräftezehrend. Manche zerbrechen an der unausgeglichenen Konstellation, den Rivalitäten und Ungerechtigkeiten, die unüberbrückbar scheinen. Doch es gibt auch Patchwork-Familien, die diese Herausforderung meistern und auf eine neue Art und Weise zusammenfinden.

Vor allem Liebespaare der Neuen Zeit, die in Liebe und Bewusstheit die Tücken einer Patchwork-Familie erkennen können, gelingt der Balance-Akt, alle Familienmitglieder harmonisch zu vereinen. Das gelingt deshalb, weil die Liebenden auch für die Kinder eine Einheit bilden, die Heilkraft, Seelenverbundenheit, Verständnis, Annahme und Bedingungslosigkeit ausstrahlt. Sie bieten den Kindern ein Nest, in dem Geborgenheit und Frieden herrscht. Sie schotten die Kinder ab gegen Angriffe von außen und finden Frieden mit ihren Expartnern. Sie bleiben offen und durchlässig, um den Expartnern einen herzlichen, liebevollen und versöhnlichen Umgang zu gewähren, ohne Anklagen, Vorwürfe, Missgunst und Kränkungen.

Dieses Ideal benötigt anfangs Kraft – körperlich wie auch seelisch und mental. Aber die starke Seelenverbundenheit und bewusste Liebe, die die Liebenden durchströmen und derer sie sich bewusst sind, geben ihnen die Kraft, alle Klippen zu umschiffen.

Seid euch jederzeit bewusst, dass es eine besondere Gnade ist, Kindern ein Zuhause zu bieten, in dem fließende Liebe, tiefes Verstehen und der besondere Geist göttlicher Kraft anwesend sind.

Lebt euern Kindern die Freude am Dasein vor, indem ihr eure Liebe zeigt und die euch anvertrauten Kinder in euer Herz schließt, ob es eure eigenen Kinder sind oder die eures Partners. Sobald ihr feststellt, dass sich wieder ein Ungleichgewicht einstellt, erlöst es in Liebe, sprecht miteinander und sucht nach Wegen, damit sich alle wohlfühlen.

Je mehr Personen eure Familie umfasst, desto mehr Kompromisse müssen geschlossen werden, desto öfter müsst ihr miteinander sprechen und für Klarheit sorgen. Die Basis eurer Liebe wird euch Kraft geben und euch auch durch tiefe Täler führen.

Trotz göttlicher Liebe und Seelenverbundenheit kann es sein, dass Krisen auftreten. Das gehört zum Elternsein dazu. Bleibt dann ganz ruhig. Es ist normal, dass das irdische Leben stets ein Auf und Ab mitbringt, vor allem im Bereich der Kindererziehung und im familiären Alltag.

Wertschätzung und Dankbarkeit bringen euch wieder zurück ins Gleichgewicht.

Werdet zu einer Lichtsäule!
Strahlt eure Liebe in die Welt hinaus!
Seid Liebende in guten und in schlechten Zeiten!

Und stützt einander, wenn ihr merken solltet, dass eins eurer Familienmitglieder im Augenblick besondere Aufmerksamkeit benötigt, sich unglücklich oder zurückgesetzt fühlt.

Als Liebende tragt ihr die Unverwundbarkeit in euch, euch über alle Krisen und Hürden zu erheben. Gemeinheiten und Angriffe von außen prallen dann an euch ab. Ihr geht nicht mehr in Resonanz mit dem Kleinkrieg eurer Umwelt, sondern ruht in euch selbst und der tiefen Liebe, die euch als Paar trägt und nährt.

Versendet täglich euren Segen an eure Expartner! Das ist ein wichtiger Akt der Harmonie, des Friedens und der Heilung. Euren Expartnern in Liebe und Dankbarkeit zu begegnen, wird euch von Energieraub, Verbitterung und Streitereien erlösen. Dieser Akt der Liebe wird eure wahre Größe sichtbar werden lassen und die Situation dauerhaft verbessern.

Es liegt in eurem Herzen und eurer Seele, Liebende zu sein, auch dann, wenn ihr verletzt worden seid, auch wenn die gegenwärtige Situation noch ungeklärt ist und ihr all eure Kraft aufbringen müsst, um die irdischen Herausforderungen zu meistern. Gönnt euch in anstrengenden Lebensphasen immer wieder Momente für euch selbst, in denen ihr betet und mit dem göttlichen Bewusstsein in und um euch in Kommunikation tretet. Bittet um Beistand, weise Führung und Zeichen, um wieder in Liebe handlungsfähig zu sein. Übergebt eure inneren Plagen und Lasten göttlichen Helfern, zum Beispiel den Engeln oder dem göttlichen Bewusstsein selbst. Entspannt euch immer wieder – so gut es geht – und achtet auf die göttliche Führung, Eingebungen, Visionen, die innere Stimme und die Zeichen, die euch Gewissheit geben, auf dem richtigen Weg zu sein.

Bittet im Gebet um Klarheit und werdet dann selbst zur strahlenden Lichtsäule.

Besinnt euch auf die Kraft eurer Liebe und sendet gemeinsam als Paar liebenden Segen in alle verfahrenen Situationen, die euch noch lähmen und hemmen, um ein erfülltes irdisches Leben mit euren Kindern zu leben.

Seid euch bewusst, dass ihr wahre Liebende seid und die wunderbare Chance erhaltet, gemeinsam als Liebespaar in dieser Welt zu wirken. Gehören Kinder zu eurem Lebensweg, dann habt ihr auch die Kraft, gemeinsam jede Hürde zu meistern. Es gehört zu eurer Lebensaufgabe, Eltern zu sein und die Bedingungen zu erschaffen, die nötig sind, damit ihr zur leuchtenden Fackel werdet – Vorbild für andere Familien, Sinnbild der Einheit und des liebevollen Miteinanders.

Je mehr Personen zu eurer Familie gehören, desto mehr Freiräume solltet ihr euch schaffen, um als Individuum Luft schöpfen zu können, euch selbst zu spüren und immer wieder bei euch selbst anzukommen.

Würdigt vor allem immer wieder diese wundervolle Lebensaufgabe, Babys und Kinder in diesem Leben zu begleiten, für sie da zu sein und dafür zu sorgen, dass sie gute Voraussetzungen haben, ihrem eigenen Lebensplan zu folgen.

Gebet

*Ich freue mich über diese wunderbare Aufgabe,
mein Leben mit Kindern zu teilen,
sie im Leben willkommen zu heißen,
sie zu lieben und zu begleiten.
Gemeinsam mit dem Geliebten/der Geliebten
erfülle ich diese Aufgabe im Bewusstsein
der göttlichen Kraft und Liebe
und bin dankbar dafür.
Göttliche Liebe durchflutet uns und schenkt
jeden Tag aufs Neue Kraft,
um alle Herausforderungen anzunehmen und zu meistern,
die die Lebensaufgabe der Kindererziehung mit sich bringt.
Göttlicher Segen liegt über uns und unserer Familie.
Göttlicher Segen führt und beschützt uns.
Göttlicher Segen sorgt dafür, dass sich alle
Familienmitglieder geborgen, wohl und geliebt fühlen.*

Wenn Seelen- und Herzenspaare älter sind oder werden

Seelen- und Herzenspaare werden sich in jedem Alter finden. Es ist also nicht nur jüngeren Generationen vergönnt, eine erfüllende und lichtvolle Partnerschaft zu führen.

Wer jedoch schon viel erlebt hat, trägt eventuell noch Ängste und schlechte Partnerschaftserfahrungen mit sich herum.

Auch hier gilt deshalb: Kümmere dich um dich selbst. Nähre dich mit göttlicher Liebe. Integriere stets deinen heiligen Körper mit deiner heiligen Seele und deinem heiligen göttlichen Bewusstsein. Übe dich im Lieben.

Und bereite dich! Werde zum wunderbarsten Partner für dich und jemand anderen. Dieser andere wird dich durch das Licht finden, das in und aus dir heraus strahlt. Ihr werdet in Resonanz miteinander sein, wie alt ihr auch immer sein mögt im irdischen Leib.

Es ist gleichgültig, wie viele Partnerschaften du schon hinter dir hast und dass deine Kinder eventuell längst erwachsen sind. Vielleicht bist du auch schon Großvater oder Großmutter und blickst auf ein langes Leben zurück.

Auch für dich gibt es die Möglichkeit, eine wunderbare Seelen- und Herzenspartnerschaft zu erleben, und dein Seelen- und Herzenspartner muss nicht immer dasselbe Alter haben wie du. Er kann jünger oder älter sein, aus einem anderen Kulturkreis stammen oder dasselbe Geschlecht haben wie du.

Ihr werdet euch finden, wenn es so sein soll. Euer Herzens- und Seelengleichklang wird euch zueinanderführen.

Wenn ihr euer Leben miteinander teilt, werdet ihr euch gegenseitig begleiten. Euch wird immer bewusst sein, dass dieses Leben ein kostbares Geschenk und eure gemeinsame Zeit auf Erden begrenzt ist.

Es ist euch bestimmt, in diesem Leben ein Stück weit miteinander zu gehen. Wie lange dieser Weg euch gemeinsam führt, wird sich zeigen.

Lebt in dem Bewusstsein, dass es gut und richtig ist, dass ihr euch gefunden habt. Ihr habt eine Mission miteinander, die heißt: seid Liebende!

Sendet eure Liebesstrahlen zu eurem und zum Wohl aller. Dann erfüllt sich euer Leben in wunderbarer Weise.

Seid nachsichtig mit euch, wenn mit der Zeit körperliche Gebrechen auftauchen und sich im Lauf der irdischen Zeit vieles verändert. Das Leben, so, wie es im Irdischen erlebt wird, ist ein stetiger Entwicklungsprozess der Veränderungen und Lebenserfahrungen sowie der wundervollen Lebendigkeit.

Dem Menschen ist auf der Erde eine Zeit in ein und demselben Körper gegeben. Lasst zu, dass ihr miteinander alt werdet. Seid im Fluss dieser Zeit und gebt euch dem Leben so hin, wie es auf euch zukommt und ihr es gestalten werdet.

Wenn ihr stets Liebende seid, erfüllt sich euer Leben so oder so. Ihr könnt also getrost das Leben miteinander genießen und miteinander alt werden. Begleitet euch gegenseitig mit Hingabe und Liebe.

Das ist schon alles. Wenn ihr Liebende seid, seid ihr euch eurer Göttlichkeit stets bewusst, was auch immer geschehen mag und wo auch immer eure „Lebensreise" euch hinführen wird.

Gebet

*Ich bin stets im Fluss des irdischen Daseins,
ein Funken voller Lebendigkeit,
mit dir, mein Geliebter/meine Geliebte.
Ich bin so dankbar,
dich auf deinem Lebensweg begleiten zu können
und mit dir alt zu werden.
Ich bin so dankbar,
dass du mich auf meinem Lebensweg begleitest
und mit mir alt wirst.
Gemeinsam sind wir Liebende.
Wir strahlen voller Liebeskraft
und göttlichem Licht.
Das ist uns immer bewusst.*

Abschied nehmen in diesem Leben

Nicht allen Seelen- und Herzenspaaren ist es vergönnt, den Weg der Liebe bis zum Tod eines Partners gemeinsam zu gehen.

Auch in Zukunft wird es also die Möglichkeit des Abschieds geben, sodass ihr euch wieder trennen werdet.

Das wird aber nicht wie bisher aus Groll, Missverständnissen oder schlechtem Verhalten und dem Gefühl, nicht zusammenzupassen, geschehen, sondern einzig und allein, weil sich eure gemeinsame Mission der strahlenden Liebe erfüllt hat.

Es werden also keine persönlichen Gründe sein, die euch wieder trennen, sondern das göttliche Bewusstsein, im Dienst der göttlichen Schöpfung zu sein. Das Miteinander ist vollendet, eure Schwingungsfrequenzen verändern sich, und ihr werdet zu neuen Partnern geführt.

Das wird aber nur geschehen, wenn es wirklich notwendig ist. Sonst werdet ihr euch wieder angleichen. Eure Seelen werden miteinander wachsen und reifen, und ihr werdet zusammenbleiben.

Sollte es zum Wohl der Schöpfung zur Trennung kommen, wird es schmerzfrei geschehen, denn ihr seid Liebende, und es ist euch bewusst, dass es zu eurem Besten und zum Wohl aller geschieht. Leichten Herzens werdet ihr euch in Liebe voneinander verabschieden und großzügig alles Irdische regeln.

Doch keine Sorge, die meisten Trennungen werden ein Abschied vom Leben sein. Dann nämlich, wenn einer von euch den Körper hinter sich lässt und das irdische Leben verlässt.

Seid euch bewusst, dass es geschehen wird. Früher oder später, je nach der individuellen Bestimmung des Einzelnen, wird es geschehen.

Ja, eines Tages werden sich dein und das Leben deines Partners in diesem irdischen Körper erfüllen. Und damit ist auch eure gemeinsame Aufgabe in diesem Leben beendet.

Ihr wurdet zusammengeführt, um Erfüllung zu finden, um Liebende zu sein, euch gegenseitig zu tragen, aber vor allem, um Licht und Liebe in diese Welt zu bringen.

Am Ende des Lebens wird euch das gelungen sein. So könnt ihr erfüllt und glücklich den Leib verlassen.

Wenn du der zurückbleibende Partner bist, ist es ganz normal, dass du trauerst. Bitte lass diese Gefühle zu und verdränge sie nicht.

Ihr habt viele Monate, im schönsten Fall viele Jahre, gemeinsam verbracht. Euch war eine herrliche gemeinsame Zeit voller Erfahrungen geschenkt. Nun heißt es, die Trauer um den geliebten Partner zu leben und zuzulassen.

Gemeinsam habt ihr Spuren in dieser Welt hinterlassen. Leuchtspuren voller Licht und Liebe. Jetzt kann es sein, dass du alleine bleiben wirst oder auf dich noch eine neue Mission wartet, zusammen mit einem weiteren Partner, der dir begegnen wird, sobald deine Trauer verklungen ist.

Wenn es in deiner Bestimmung liegt, wird ein neuer Partner zu dir finden, auch im Alter deines Lebens. Die gemeinsame Zeit mit dem verstorbenen Partner ist deshalb nicht verloren, sondern auf eine feine Weise weiterhin in dir präsent. Sie wird dich in diesem irdischen Leben bis zum Lebensende als wundervolle Erinnerung und voller Dankbarkeit begleiten.

Sieh in allem, was geschieht, immer den Traum Gottes. Gott träumt dich. Gott träumt jeden Menschen. So auch deine Partner.

Im Grunde ist alles eins, aber der Mensch erfährt es im linearen Zeitgeschehen als getrennt und individuell in der jeweiligen Inkarnation.

Doch niemand ist verloren, und so werden sich alle Seelen jenseits des Irdischen wiederfinden und schließlich zu Gott zurückkehren. Um mit Gott als reine Idee, reines Licht, reine Liebeskraft eins zu sein.

Sei dir dessen immer bewusst, was auch immer geschieht in deinem Leben.

Lass den Abschied zu, denn er ist im Irdischen unvermeidlich. Und doch ist er nichts weiter als ein Funke der Liebe in Gottes Traum.

Gott träumt dich.
Gott liebt dich.
Du bist ein Strahl der Liebe in Gottes Traum.
Du bist die Liebe Gottes.
Also bist du ein Liebender/eine Liebende.
Die Freude dieser Liebe trägt dich überallhin
und verleiht dir Flügel.
Sei glücklich und freue dich.
Sprich dein Gebet:

Ich bin die Liebe.
Ich bin göttliche Liebe.
Ich bin der Strahl der liebenden Kraft.
Und so strahle ich
mein Leben lang,
für immer und ewig.
Mit all meiner Herzenskraft,
mit all meiner Seelenkraft,
mit all der Kraft meines Körpers und Daseins.
Die Liebe ist meine Bestimmung.
Die Liebe gestaltet mein Leben.
Die Liebe gestaltet die Welt.
Deshalb bin ich ein Liebender/eine Liebende.
Für immer und ewig.
Mit göttlichem Segen.
In Dankbarkeit.
So sei es.
Amen.

Über alle Zeit hinweg – Liebende für immer

Liebende, die durch den Tod getrennt worden sind, sind dennoch weiterhin in Verbundenheit. Das Wahrnehmen der Seelenschwingung hört nicht auf, nur weil einer der Partner in die Ebene der Feinstofflichkeit wechselt. Das trifft vor allem auf Paare zu, die stark medial miteinander verbunden waren. Sie sind es weiterhin!

Und es ist nach wie vor eine Tatsache, dass sich manche der übriggebliebenen Partner so sehr nach der Einheit mit dem geliebten Partner sehnen, dass sie bald in die Feinstofflichkeit nachfolgen. Deshalb ist es nicht selten, dass ein Partner bald nach dem anderen stirbt, im Abstand von nur wenigen Monaten oder Jahren.

Das mag von außen betrachtet seltsam und traurig anmuten, aber die Seelen haben untereinander dieses starke Band der Vereinigung geschlossen, um keine stoffliche Barriere zwischen sich zu haben. Sie wollen miteinander so gut es geht entweder körperlich zusammen sein, oder rein auf der Seelenebene der Feinstofflichkeit. Entspricht dies dem göttlichen Willen, geschieht alles so, wie es soll, eben auch, dass die Partner schnell nacheinander sterben.

Es kann aber auch sein, dass den Liebenden nur eine kurze Zeitspanne im Irdischen miteinander geschenkt ist. Dann wartet entweder ein anderer Seelenpartner auf den übriggebliebenen Partner, oder er geht alleine das letzte Stück des Lebens. Das hängt vor allem auch von den Lebensaufgaben ab, die der Einzelne in diesem Leben zu bewältigen hat, und von seiner einzigartigen Bestimmung im Leben. Der freie Wille des Menschen entscheidet aber immer mit, ob sich noch einmal eine wunderbare Seelenpartnerschaft erfüllen kann oder nicht.

Es ist auch keine Seltenheit, dass liebende Seelen immer wieder inkarnieren, um sich als Partner im Irdischen zu finden. Manche können es kaum erwarten, wieder auf die Erde zu kommen, sich wieder zu begegnen und in tiefer, wunderbarer Einheit und Liebe zu erkennen, mit wunderbaren Körpern, die die Lust und Fülle des irdischen Daseins erfahrbar machen können. Dieses Inkarnieren auf der Erde geschieht dann nicht mehr – wie bisher häufig – aus karmischen Gründen, sondern aus reiner, fließender, göttlicher Liebe, um Liebende zu sein, die den Auftrag der göttlichen Liebe im Leben miteinander erfüllen, von Inkarnation zu Inkarnation, bis sich die Erfahrungen im Irdischen erfüllt haben und die Seelen heimkehren ins Herz Gottes. Aber einige inkarnieren freiwillig immer wieder – aus Freude am Dasein im Auftrag Gottes und als Lichtbringer für die gesamte Schöpfung.

Für manche Paare ist der irdische Tod dennoch eine fast unüberwindbare Hürde, die jedes Mal aufs Neue schmerzt, vor allem dann, wenn die Paare unendlich viel Erfüllung und Freude miteinander im irdischen Leben erfahren haben.

Ist einer der Partner gestorben und dem anderen bleibt noch eine überschaubare Lebensspanne, dann tut es gut, wenn über die Monate hinweg eine sanfte Ablösung vom toten Partner geschieht. Der übriggebliebene Partner soll nicht in Sehnsucht ertrinken und an der Seele desjenigen festhalten, der nun in der feinstofflichen Ebene weilt. Das tut beiden Seelen nicht gut, sondern behindert die Weiterentwicklung auf beiden Ebenen.

Dass dieser Ablöseprozess nicht von heute auf morgen möglich ist, versteht sich von selbst. Es ist wunderbar tröstlich für den übriggebliebenen Partner, wenn er die Seele des anderen weiterhin spüren kann und sie bei sich weiß. Durch die offenen Sinne und die Gabe der Medialität kann dieses Empfinden so stark sein, dass es sich anfühlt, als ob der andere noch da wäre. Seine Präsenz ist fast körperlich spürbar – tief, innig und köstlich. Voller Liebe können diese Empfindungen erlebt und dankbar angenommen werden. Dennoch ist es wichtig, sich dem irdischen Leben dadurch nicht zu verschließen und für immer in einer unverarbeiteten Trauer steckenzubleiben oder sich nur noch der geistigen Präsenz des Geliebten hinzugeben. Die Gefahr, sich vom eigenen Leben und der irdischen Bestimmung abzuwenden, ist dabei ziemlich groß. Eine Flucht in geistige Ebenen, obwohl man irdisch grobstofflich mitten im Leben steht, ist hinderlich für die Seelenentwicklung und den göttlichen Lebensauftrag.

So schwer es auch fallen mag, es bedarf der behutsamen Selbstliebe, sich der Präsenz und Liebe des verstorbenen Partners weiterhin bewusst zu sein, ihm einen Platz im Herzen einzuräumen und sich dennoch zu öffnen für das irdische Leben und weitere Lebenserfahrungen.

Denn es ist durchaus möglich, dass noch ein anderer Partner als Seelenpartner vorgesehen ist und mit ihm noch wichtige Aufgaben der göttlichen Liebe erfüllt werden wollen. Dieser neue Seelenpartner kann aber nicht ins Leben treten, wenn der Platz belegt ist von der Präsenz der feinstofflichen Seele des verstorbenen Partners. Es kommt zum Stillstand auf feinstofflicher wie auf grobstofflicher Ebene.

Seelen gehen nicht verloren. Auf der feinstofflichen Ebene gibt es stets ein Verschmelzen mit allen Seelen der Seelengruppe und einen herrlichen Austausch mit Seelen verschiedener Schöpfungsbereiche.

Sich nach dem Tod des Partners der fließenden Liebe der eigenen göttlichen Lebensbestimmung hinzugeben, gehört zu den vornehmsten Aufgaben des Irdischen. Einfach ist es nicht, wenn die gemeinsame Verbundenheit sehr stark, innig, ekstatisch, erfüllend und vollkommen war, doch das Wissen um die Unendlichkeit der Existenz, die Unsterblichkeit der göttlichen Seele und die Ewigkeit des göttlichen Bewusstseins in jedem Geschöpf erschafft mit der Zeit den Frieden der eigenen Seele.

Dann kann das Leben – so, wie es ist – in Liebe, Dankbarkeit und Wertschätzung angenommen werden. Die Gewissheit, über alle Zeiten hinweg miteinander das Dasein zu teilen und in jedem Moment der Bewusstheit eins zu sein mit der göttlichen Schöpferkraft und dem geliebten Seelenpartner, schenkt die Kraft, alles Irdische mit Langmut in Liebe zu tragen und zu gestalten.

Geduld und Mitgefühl mit sich selbst sind die besten Wegweiser innerhalb solcher Lebensveränderungen. Es braucht manchmal sehr viel Zeit, um sich nach dem Tod eines Partners wieder im Leben zurechtzufinden. Dann ist es eine Wohltat, wenn es Menschen gibt, die einem zur Seite stehen und einen sanft durch diese Phase der Trauer und Neuorientierung begleiten.

Gib dich der Trauer hin, weine und spüre in jedes Gefühl hinein, das jetzt zu deinem Leben gehört. Es kann sich anfühlen, als ob du selbst stirbst und man dir die Seele aus dem Leib herausschneidet. Bitterkeit, Verzweiflung, Entsetzen – tiefe Gefühle der Traurigkeit können dich durchfluten. Und doch lebst du in der Gewissheit, dass es in Wahrheit keinen Tod gibt, sondern nur das Wechseln der Ebenen. Du wirst deinen Geliebten/deine Geliebte weiterhin mit deinen medialen Sinnen wahrnehmen können. Sieh darin die große Chance, um in Liebe Abschied zu nehmen und die göttliche Gewissheit zu verspüren, dass alles im Traum Gottes seine Bestimmung hat.

Wenn dein geliebter Partner deine Dualseele ist, gibt es sowieso keine Trennung für euch. Ihr habt dieses Leben miteinander verbringen dürfen, euch in tiefer Liebe und Verbundenheit begleitet und kehrt zurück zur Einheit auf allen anderen Ebenen. Denn ihr seid eine Seele in zwei Körpern. Im Feinstofflichen vereint ihr euch sofort wieder, falls ihr keine weitere grobstoffliche Inkarnation mehr miteinander teilen wollt. Dann bleibt ihr für immer vereint. Das Sterben allerdings verläuft stets individuell, sodass der im Irdischen übriggebliebene Partner erst einmal alleine sein restliches Leben vollenden wird. Ihm bleibt aber stets die Gewissheit, dass seine Dualseele ihn „auf der anderen Seite" erwartet, ihn empfängt und sich mit ihm in göttlicher Vollkommenheit vereint.

Verbundenheit gilt auch für getrennt lebende Paare. Eine irdische Trennung bedeutet nicht, dass ab jetzt jeder nur noch für sich ist. Die energetische Verbundenheit bleibt bestehen und sollte deshalb behutsam gelöst werden. Je harmonischer eine Trennung verläuft, desto leichter ist es, sich in Frieden, Harmonie und Liebe auch auf der Energieebene zu trennen. Unerlöste Beziehungen werden sonst zu karmischen Verstrickungen.

Sollte es in deinem Leben noch Erinnerungen an Partnerschaften geben, die mit unguten Gefühlen einhergehen, unerlöst sind oder sich unerlöst anfühlen, dann erlöse sie in Frieden. Dieser Akt des Friedens und der fließenden Liebe kann jederzeit erfüllt werden. Erlösung ist auf allen Ebenen und durch alle Zeiten hinweg möglich.

Sprich dazu laut:

„Ich erlöse alle meine Beziehungen auf allen Ebenen des Bewusstseins über Raum und Zeit hinweg in allen möglichen Daseinsformen, Welten, Epochen und Schöpfungsbereichen.

Ich erlöse all meine Beziehungen in Frieden, Harmonie und göttlicher Liebe.

Ich erlöse mich von allen Gefühlen und Gedanken, die nicht der Liebe entsprechen, wenn ich an diese Beziehungen denke und in sie hineinfühle.

Ich erlöse mich von allem Unbewussten, das in Bezug auf diese Beziehungen in mir schlummert.

In mir wirkt diese Erlösung für immer.

Ich bin befreit, ich bin erlöst.
Ich bin fließende, reine Liebe, göttliches Licht,
wie jeder meiner Partner ebenfalls.
In Ewigkeit.
Über uns allen liegt der göttliche Segen.
Amen."

Wiederhole den Akt des Segnens immer wieder, bis sich deine Gefühle beruhigen und du spürst, wie die Erlösung in dir wirksam wird und sich manifestiert. Unbeschwert kannst du jetzt an deine Partner denken und dich freuen, dass ihr euch kennenlernen durftet, voneinander lernen konntet und ein Stück weit miteinander auf dem irdischen Pfad des Lebens gegangen seid. Eure Seelenverbundenheit kann nun erlöst und fließend sein, so, wie sie unter allen Seelen wirksam ist, denn jeder ist immer mit jedem verbunden. Und alles ist eins.

Gebet

*Ich spüre deine Präsenz, Geliebter/Geliebte,
und doch gehe ich weiter auf dem Weg meines Lebens,
auf den Spuren meiner Lebensbestimmung.
Nach wie vor spüre ich dein Dasein und die Ewigkeit
des göttlichen Bewusstseins.
Ich weiß, dass wir in Liebe auf ewig miteinander
verbunden sind, wo auch immer wir sind,
in welcher Bewusstseinsebene wir auch immer verweilen.
Dennoch gehe ich weiter, mutig, stark und mit der Kraft
der Liebe im Herzen,
um mich zu öffnen für alles Göttliche,
das mir noch geschenkt werden soll.
Liebe fließt in mir, begleitet mich, führt mich
und beschützt mich,
während du in der Köstlichkeit der Feinstofflichkeit
deiner eigenen Bestimmung folgst.
Am Ende kehren wir alle zurück ins Herz Gottes,
vereint und für immer getragen von
schöpferischer Liebeskraft.
So gebe ich meiner Sehnsucht einen neuen Namen
und öffne mich dem Dasein ganz und gar.*

Wenn du gerade ohne Partner bist

Für manche Menschen ist es eine Erleichterung, ihre Lebensbestimmung ohne einen Liebespartner zu erleben. Vielleicht haben sie bereits die Erfahrung gemacht, mit einem Partner das Leben zu teilen, jetzt aber stehen andere Aufgaben an, die Erfüllung und Freude schenken. Im Freundeskreis, mit Gleichgesinnten und innerhalb ihrer Lebensaufgaben finden sie die Anerkennung, die das menschliche Dasein mit sich bringt und ihnen das Gefühl der Fülle und Vollkommenheit schenken. Sie sind mit sich selbst zufrieden und dankbar, bei sich selbst bleiben zu können, um mehr Energie und Kraft zu haben für ihren einzigartigen, göttlichen Auftrag im Leben.

Anders sieht es aus, wenn du dich gerade in einer Phase ohne Partner befindest, aber tief in deiner Seele weißt, dass da noch jemand für dich bestimmt ist. Du trägst das riesige Potenzial an Liebeskraft in deinem Herzen und möchtest es mit einem geliebten Menschen teilen, der auch dein Liebes- und Lebenspartner ist.

Herz und Seele laufen beinahe über vor lauter Strahlkraft, die von einem Partner erkannt werden möchte. Du möchtest dich verströmen an die Welt und besonders an einen Geliebten/eine Geliebte. Du möchtest all deine Herzensliebe schenken, einen Menschen mit Hingabe verwöhnen und liebkosen und die Lust deines Körpers mit ihm gemeinsam erleben.

Dein Leben und alles, was du bist – all deine individuelle Göttlichkeit –, möchtest du mit ihm teilen und ihm auf allen Wegen mitteilen, wie sehr du ihn liebst. Du möchtest ihn erkennen und Gott in ihm sehen, in allem, was er ist, denkt, fühlt und tut.

In dir fließt dieses Gefühl der allumfassenden Sehnsucht, die sich nach pulsierender Vorfreude anfühlt. Diese Sehnsucht sprüht deine ganze Lebendigkeit in die Welt und ruft hinaus, wie sehr du bereit bist, dein Leben mit einem anderen Menschen zu teilen, der deine Herzensliebe empfangen möchte.

Sobald du dieses freudige Sehnen in dir spürst, das sich verschenken möchte, weißt du, dass du genau der Liebespartner bist, der bereit ist für eine Beziehung voller Nähe, Verschmelzung, gegenseitigem Erkennen, Wertschätzung und fließender Liebeskraft.

Das sind sichere Zeichen dafür, dass du bereit bist für den göttlichen Seelenpartner.

Es kann auch sein, dass du den künftigen Partner medial schon wahrnimmst, bevor du ihm begegnest. Vielleicht erhältst du im Traum Botschaften von ihm, sein Seelenbild, seine Seelenmelodie oder eine gemeinsame Vision. Eventuell spürst du schon seine Herzenskraft, die dich zu durchfluten beginnt.

Du erlebst immer mehr eine prickelnde Vorfreude, die unerklärlich schön und erhebend ist.

Halte die Energie der Freude aufrecht!

Halte dich bereit, ihm zu begegnen, ohne zu wissen, wer er ist!

Sende deine Liebesstrahlen aus!

Sei auf allen Ebenen ein Liebender/eine Liebende!

Löse dich vor allem von allen Parametern, die einer Begegnung im Weg stehen könnten. Dazu gehört, dass du dir ein konkretes Bild davon machst, wie der Partner sein soll oder auszusehen hat.

Löse dich von dem Gefühl der erwartenden Sehnsucht, die davon erzählt, dass du dringend einen Partner brauchst, um dich wohl und ganz zu fühlen. Dieses Gefühl zeugt von deinen Mangelgedanken und -gefühlen und blockiert eine Begegnung.

Übergib stattdessen der göttlichen Vorsehung die Führung und vertraue darauf, dass genau das Richtige geschieht.

Nimm die Gelegenheiten wahr, die dich nach draußen und unter Menschen führen. Pflege deine sozialen Kontakte. Das ist alles.

Strahle unentwegt die Liebe deines Herzens aus. Richte sie auf andere Menschen, auf Pflanzen, Tiere, Situationen, Gegenstände – auf jeden und alles, was dich umgibt und dir begegnet.

Das ist deine Aufgabe, denn das Irdische neigt dazu, ständig abzusacken und in das Gefühl des Mangels zu fallen. Es ist normal, dass du hin und wieder in das Gefühl der erwartenden Sehnsucht fällst, das so schmerzhaft ist, dass es dir den Atem raubt und dir die Tränen in die Augen treibt. Dieses Gefühl ist dunkel und schwer. Doch es kann sein, dass es immer wieder in dir entsteht, weil es genau das ist, was das irdische Leben erzeugt. Es erzeugt immer wieder dunkle und schwere Gefühle. Sobald du dir dessen bewusst bist, kehre zurück in der Energie eines Liebenden.

Das ist im Augenblick der Dunkelheit nicht ganz einfach, denn während du die Dunkelheit erfährst, fehlt dir oft die Kraft, überhaupt etwas anderes zu denken und zu fühlen, geschweige denn zu tun.

Die große Herausforderung des irdischen Lebens besteht darin, dir stets bewusst zu machen, wie viel unendliche Kraft in dir steckt. Nimm den Kraftakt auf dich und erinnere dich an die immense Liebeskraft deines Herzens und deiner Seele.

Lass dir dabei von diesen Worten helfen und lies immer wieder, wie sehr du erleuchtet bist.

Du bist das göttliche Licht!

Du hast so viel strahlende Liebeskraft in dir!

Wende sie an, was auch immer gerade in deinem Leben los ist, wo auch immer du bist, wer auch immer dir heute begegnet. Seien es deine Kunden, deine Nachbarn, deine Familie, Fremde auf der Straße, Leute unterwegs und innerhalb deines Alltags – strahle weiterhin Liebe aus, so gut du kannst.

Neben der Dunkelheit der erwartenden Sehnsucht gibt es noch andere Gefühle, die es dir erschweren können, dich als strahlend göttliches Liebeslicht zu sehen. Es sind Gefühle der Wehmut, des Neids und der Missgunst. Vielleicht schaust du wehmütig auf Paare, die sich bereits gefunden haben und ein harmonisches Miteinander ausstrahlen. Dann kannst du den Schmerz im Herzen spüren, selbst – noch – alleine zu sein. Oder du ertappst dich dabei, missgünstige Gedanken zu hegen und den glücklichen Paaren ihre Zweisamkeit nicht zu gönnen.

Sei nachsichtig mit dir, wenn dir bewusst wird, dass du voller Selbstmitleid bist und Gefühle hegst, die dich klein und nichtig erscheinen lassen. Wechsle dann bewusst in die Position des Liebenden.

Erlaube dir stets, ein Mensch zu sein, der nicht anders kann, als nicht perfekt zu sein. Das ist das Schicksal des Irdischen. Es gibt keine Perfektion. Aber du hast immer wieder die Wahl, dich für den göttlichen Weg der Liebe, der Heilkraft und der Erleuchtung zu entscheiden. In jeder Sekunde deines Lebens, sobald du dir dessen bewusst bist, kannst du ein Liebender/eine Liebende sein.

Werde aktiv und erhebe dich. Beginne, deine Herzenskraft der Liebe auszustrahlen, immer wieder aufs Neue. Die göttliche Kraft, die in dir wohnt und fest in dir verankert ist, wird dich dem Himmel auf Erden nahebringen.

In manchen Momenten des Alltags mag es dir so vorkommen, als ob deine Seele leer wäre. Du leidest an dem Gefühl, dass niemand in dir das Göttliche erkennt. Kein anderer erkennt dich und blickt dir in die Seele. Niemand teilt mit dir die Schwingung der Liebe und nimmt dein Geschenk der strahlenden Liebeskraft an.

Es sind Momente bitterer Erfahrung, wenn ein Herz voller Liebe ins Universum hinausstrahlt und nirgends Resonanz findet. Du magst zwar wissen und dir bewusst machen, dass deine fließende Liebe stets alles berühren kann und auch berührt und du damit unendlich viel Heilkraft entfalten kannst, aber es fehlt im Irdischen die konkrete Antwort. Du möchtest gehört und erhört werden, sonst fühlst du dich immer wieder leer, trotz des Wissens, dass allein das Hinausstrahlen von Liebe Erfüllung bringt, wenn du dich voll und ganz dem Dasein schenkst.

Das Gefühl der Seelenleere ist eine irdische Erfahrung, die dann auftritt, wenn menschliche Interaktion ausbleibt. Der Mensch lebt davon, sich auszutauschen, sich mitzuteilen, zu kommunizieren und ein fließendes Geben und Nehmen zu erleben. Er lebt davon, Liebe zu teilen.

Solch eine Seelenleere kann auch dann auftreten, wenn man innerhalb einer Partnerschaft lebt, bei der es keine Seelenberührungen gibt. Diese Partnerschaften werden nicht lange halten und sich in Zukunft entweder zur Seelenbeziehung erheben oder aufgelöst werden.

Das Gefühl, nicht erkannt zu werden, hinterlässt stets eine Leere in der Seele, im Körper und auch im Denken. Das ist normal und liegt nicht daran, dass mit dir etwas falsch läuft. Du bist vollkommen in Ordnung, so, wie du bist. Du spürst die Seelenleere, weil dieses Gefühl zu den irdischen Erfahrungen gehört, sich abgetrennt und unvollkommen vorzukommen. Jeder Mensch wird diese Leere hin und wieder wahrnehmen.

Sei nachsichtig mit dir. Bringe dir selbst Mitgefühl entgegen und setze deine Liebeskraft in Gang, um die Erfahrung der Leere zu beenden.

Solltest du dich in einer solchen Phase befinden, öffne dich in Frieden und nimm wahr, dass die Leere erst den Platz erschafft, um die Seele in Erfüllung zu bringen. Was leer ist, kann gefüllt werden.

Deshalb gib dich nicht der Trauer über die Leere deiner Seele hin, sondern aktiviere dein Herz, um Herzensliebe hinauszustrahlen. Auch wenn sich deine Seele leer anfühlen sollte, ist dein Herz stets erfüllt mit göttlicher Liebe, die in dir fließt. Das Gefühl der Leere ist nichts weiter als das Wahrnehmen eines zwischenmenschlich stockenden Liebesstrahls. Von Mensch zu Mensch nimmst du keinen Herzensfluss wahr. Deshalb aktiviere ihn selbst!

Beginne immer wieder, zu lieben. Auch dann, wenn du meinst, der einzige Mensch auf Erden zu sein, der liebt. Keine Sorge, dem ist nicht so! Aber manchmal kann es sich so anfühlen.

Du gibst diesem Gefühl Einhalt, indem du beginnst, aktiv zu lieben. Sei ein Liebender/eine Liebende.

Das Lieben ist die Antwort auf jede Frage des Lebens.

Besinne dich im tiefsten Schmerz, im Gefühl der ödesten Leere, im Dasein der Seelenleerheit darauf, dass du ein Liebender/eine Liebende bist. Dadurch verändert sich alles.

Lass es wirken, dein Lieben!

Gib dem Lieben Zeit, dass es dich und die Welt verändert.

Wenn es zu deiner Lebensbestimmung gehört, wird sich der geliebte Partner bald einfinden, zum richtigen Zeitpunkt und genauso, wie es sein soll. Der göttliche Wille geschieht mit dir und durch dich, für immer und ewig!

☆☆☆

Gebet

*Ich vertraue der Stimme Gottes in mir,
die mich erfüllt und mich jederzeit
zu einem Liebenden/einer Liebenden macht.
Wenn ich alleine unterwegs bin und meinen Weg
durchs Leben gehe,
erfüllt mich die Liebe ebenso wie in Begleitung
eines geliebten Partners.
Im Lieben finde ich alle Antworten.
Im Lieben finde ich zu mir selbst.
Im Lieben öffne ich mich der großen Gnade,
dass mir ein geliebter Partner begegnet.
So strahlt meine Herzenskraft in die Welt hinaus.
In Freude!
In Liebe!
In Zuversicht!
In der Gewissheit,
dass das Richtige für mich geschieht.
Ich bin gesegnet.*

Fragen zum Thema Liebe und Partnerschaft in der Neuen Zeit

1. *Gibt es eine Möglichkeit, mir meinen Seelen- und Herzenspartner herbeizuwünschen?*

Nein. Du kannst zwar mit dem Wünschen allerlei Menschen in dein Leben einladen, aber bei einer Seelen- und Herzenspartnerschaft geht es darum, dass sich zwei Menschen begegnen, die miteinander die gleiche Liebesschwingung teilen. Die Begegnung selbst kannst du nicht beeinflussen. Sie wird im richtigen Zeitrahmen geschehen. Das Einzige, was du tun kannst ist, dich liebend der Welt zu präsentieren. Wenn du dich in deinem stillen Kämmerlein zurückziehst, kannst du niemandem begegnen. Also gehe mit liebendem Herzen in die Welt. Der Herzens- und Seelenpartner, der zu dir passt, wird mit dir in Resonanz gehen.

2. *Wie bereite ich mich auf eine Seelen- und Herzenspartnerschaft vor?*

Sei dir selbst der liebste und wunderbarste Partner und bereite dich zu einem wunderbaren Partner vor, indem du dich liebst und ein Liebender/eine Liebende bist. Um dich körperlich, seelisch und geistig wohlzufühlen, wende mindestens einmal wöchentlich die Verschmelzungsübung an. Beginne gleichzeitig, Liebesstrahlen auszusenden. Sobald du dieses tust, wird sich alles verändern: deine innere Einstellung, deine Ausstrahlung, deine Wahrnehmung, du und die Welt an sich. Alles und jeder wird sich verändern. Du wirst mehr Lebensfreude empfinden und die Welt mit anderen Augen sehen: mit den Augen der Liebe. Entsprechend wird dir nur Liebes, Schönes und Angenehmes begegnen. Deine Umwelt wird dir die Liebe spiegeln, die du aussendest.

3. *Ich habe es noch nie lange bei einem anderen Menschen ausgehalten. Gibt es für mich dennoch die Möglichkeit, eine feste Seelen- und Herzenspartnerschaft zu führen?*

Ja, die Möglichkeit ist immer vorhanden, wenn du dich bewusst dazu entscheidest, alte Beziehungsmuster und Traumen aufzulösen. Wende die Verschmelzungsübung mindestens einmal wöchentlich an und übe dich im Lieben. Versende Liebesstrahlen und warte ab, wie sich die Welt verändern wird. Sollte es in deinem Leben zu deiner Bestimmung gehören, einem Seelen- und Herzenspartner zu begegnen, wird es geschehen.

4. *Beziehungen bedeuten mir nichts, ich lebe lieber alleine. Aber gerade dieser Gedanke macht mir auch Angst. Was ist, wenn ich im Alter alleine bleibe?*

Nicht für jeden Menschen ist für diese Inkarnation eine Partnerschaft vorgesehen. Es gibt unendlich viele Möglichkeiten, die eigene Göttlichkeit zu leben und zu erleben und zum Wohl aller im Dienst der Schöpfung tätig zu sein. Sollte sich in deinem Lebensplan die Möglichkeit einer Partnerschaft zeigen, wird sie sich ergeben, wenn es zum Wohl aller geschieht. Das kann auch in späteren Lebensjahren geschehen. Und dann wird es für dich stimmig und perfekt sein. Falls dich deine Lebensaufgaben aber auf andere Wege führen, heißt das nicht, dass du im Alter alleine sein musst. In einer lockeren Wohngemeinschaft können auch ältere Menschen ihren Lebensabend glücklich verbringen. Hab Vertrauen, dass sich stets das Richtige für dich findet, wenn du Liebe aussendest. Du wirst genau die Menschen anziehen, die auf deiner Wellenlänge schwingen, mit oder ohne Option einer festen Beziehung.

5. *In meiner jetzigen Beziehung ist die Luft raus. Und wenn ich mir vorstelle, mit diesem Menschen eine innige Seelen- und Herzenspartnerschaft zu führen, wird mir ganz schlecht.*

Es liegt bei dir. Die Option, deine jetzige Beziehung zu einer Seelen- und Herzenspartnerschaft werden zu lassen, ist immer gegeben. Doch dazu bedarf es deiner inneren Klarheit und deines Willens. Wenn du ein klares „Ja, ich will" äußern kannst, wird es geschehen, wenn es zum höchsten Wohl aller ist. Wenn du aber Zweifel hast, triff eine Entscheidung. Frage dich selbst: Will ich dieser Beziehung noch eine Chance geben oder nicht? Wenn nein, gib dich und deinen Partner frei, mit allen Konsequenzen, die eine Trennung in Liebe, Würde und Respekt mit sich bringt. Wenn ja, lass den Prozess der Verwandlung geschehen, hin zu einer Seelen- und Herzenspartnerschaft. Wenn es dir an Klarheit mangelt, bitte Gott um Beistand und vertraue seiner Führung und seinen eindeutigen Zeichen. Entspanne, hab Vertrauen, sei ein Liebender/eine Liebende und empfange die Botschaft der Klarheit.

6. *Ich weiß nicht, ob ich es schaffe, dauernd zu lieben. Wie soll das denn gehen, immer in der Liebe zu sein, immer zu lieben und Liebender/Liebende zu sein?*

Im irdischen Sinne bist du nicht „dauernd in der Liebe". Kein Mensch kann das, weil das menschliche Gehirn und der Verstand sowie die Emotionen ständig dabei sind, sich mit dem irdischen Leben auseinanderzusetzen. Und weil das menschliche Leben ständig Erfahrungen mit sich bringt, die du entweder als neutral, angenehm oder unangenehm empfindest und entsprechend darüber denkst. Doch du übst dich im Lieben. Der Schlüssel darin liegt in deiner Bewusstheit. Sobald dir bewusst ist, dass du urteilst, grübelst, dich schlecht fühlst und in lästigen Gewohnheiten, Denk- und Verhaltensmustern gefangen bist, wende dich bewusst dem Lieben zu. Das Lieben kannst du dann konkret anwenden, indem du Liebesstrahlen aussendest. Schritt für Schritt wirst du das Lieben in deinen Alltag integrieren, ebenso die Verschmelzungsübung, bis sie Bestandteil deines Lebens geworden sind.

Dein irdisches Leben wird dabei weitergehen, und es wird immer Zeiten der Freude und der Anstrengung geben. Das Lieben aber wird deine Schwingungsfrequenz erhöhen, dich strahlender, feiner, liebevoller machen. Du wirst mehr Freude empfinden, das Leben nicht so schwer nehmen, es so annehmen, wie es ist, es lieben lernen und auch mal über dich selbst lachen können. Du wirst mehr Ruhe und Gelassenheit empfinden und dich als Mensch überwiegend wohlfühlen, auch während Krisen und Krankheiten. Du wirst besser unangenehme Erfahrungen loslassen können und dich schneller davon erholen. Du wirst deinen Alltag bewusster erleben und gestalten. Du wirst mehr Kraft haben, dein Leben schöpferisch zum Wohl aller zu gestalten. Du wirst Kraft haben, deine Lebensaufgaben mit Liebe und Freude zu bewältigen. Und du wirst wissen, dass du einzigartig bist und Gott in dir wirkt. Das alles sind Prozesse, die dich ein Leben lang begleiten. Du tust dabei dein Bestes, so gut du es als Mensch kannst. Also entspanne dich, sende Liebe aus, genieße dein Leben und bringe dich zum Wohl aller ein. Alles andere ergibt sich dann von selbst.

7. *Und was ist, wenn mir das mit der Partnerschaft und der Liebe trotzdem nicht gelingt und ich scheitere?*

Du wirst im Leben öfter mal scheitern. Zum menschlichen Leben gehören Niederlagen genauso wie Erfolge. Niemand kann immer nur glücklich, erfolgreich, gut gelaunt, gesund und vital sein. Für jeden Menschen hält das Leben eine Bandbreite an Erfahrungen bereit, die du als neutral, positiv oder negativ erleben und bewerten wirst. Das ist ganz normal.

Als Liebender aber befreist du dich aus der Option, stets nur durch negative Erfahrungen zu reifen. Du wirst lernen, dich, deine Welt und dein Leben immer mehr aus dem Blickwinkel der Freude und Erfüllung wahrzunehmen. Deine Seele wird reifen, weil sie Erfüllung empfindet, sich voll und ganz als liebender Mensch zum Wohl aller und im Dienst der Schöpfung einzubringen.

Wenn du die Verschmelzungsübung praktizierst und so gut du kannst Liebesstrahlen aussendest – also ein Liebender bist –, wird dein Leben überwiegend erfolgreich sein, und du wirst dich genährt fühlen. Du wirst nicht warten, endlich geliebt zu werden, sondern selbst lieben und Gott in dir entdecken. Du wirst deinem Leben bewusster Gestalt verleihen und an Niederlagen nicht zerbrechen. Das Lieben wird dich unverwundbar machen. Je öfter du es praktizierst, desto mehr wird es dein Leben verändern. Du wirst leuchten und strahlen. Entsprechend wirst du Erlebnisse und Erfahrungen sowie Menschen anziehen, die ebenfalls leuchtend und strahlend sind. Und wenn doch einmal eine anstrengende Situation in deinem Leben auftauchen sollte, hast du die Kraft, sie zu meistern und auch in ihr eine wertvolle Erfahrung der Seelenreifung zu sehen.

8. *Wenn ich Liebesstrahlen aussende, fühle ich nichts dabei. Genauso bei der Verschmelzungsübung. Es ist, als ob ich einfach mechanisch etwas tue. Ist es trotzdem wirksam? Und stimmt etwas nicht mit mir, weil ich nichts spüre?*

Dein Körper ist einzigartig. Er liefert dir über deine Sinneseindrücke Erfahrungen und Empfindungen und öffnet dir die Tür zur Welt. Du kannst dieses Leben erleben, weil du einen Körper hast, der dir ständig Rückmeldung gibt, wie etwas ist, wie es sich anfühlt, wie du es individuell erfährst. Doch nicht immer ist etwas spürbar. Das hängt von vielen Faktoren ab, zum Beispiel von Hormonen, Stressfaktoren, Jahreszeiten, vom Wetter, von deinen aktuellen Lebensumständen und deiner Erwartungshaltung.
Viele Menschen meinen, dass nur dann etwas eine Wirkung hat, wenn dabei körperliche und psychische Empfindungen auftreten, zum Beispiel Glücksgefühle, Verschmelzungsgefühle, ein Kribbeln im Körper, Wärme oder ein körperlich spürbarer Energiefluss. Hinzu kommen inspirierende Gedanken, großartige Ideen, kreative Blitze und Ähnliches. Solche ganzheitlichen Wahrnehmungen können jederzeit auftreten, müssen aber nicht. Die Wirksamkeit der Übungen ist nicht an

deinen Körper, deine Gefühle oder Gedanken gebunden. Es geschieht mit Gottes Hilfe und wird sich in deinem Leben auf die eine oder andere Weise langfristig bemerkbar machen.

Mit der Zeit wird sich deine innere Haltung verändern, deine Einstellung und wie du über das Leben und Alles-was-ist denkst. Du wirst dich und die Welt anders wahrnehmen. Du wirst gelassener werden, dich friedlicher fühlen, die Dinge werden sich zum Guten fügen, und du wirst im Fluss deiner Entwicklung sein. Vor allem wirst du bewusster werden. Und mit deinem wachsenden Grad an Bewusstheit werden sich auch winzig kleine und subtile Wahrnehmungen bemerkbar machen, die du früher nicht bemerkt hast. So kann es sein, dass es Zeiten geben wird, in denen du plötzlich während der Verschmelzungsübung und während du Liebesstrahlen aussendest neue Erfahrungen machst. Je weniger du spürbare Wahrnehmungen herbeisehnst und erwartest, desto eher werden sie geschehen. Du wirst dich immer mehr der Bewusstheit öffnen, und es wird leicht und unkompliziert sein.

Nimm die Zeiten, in denen du wenig oder gar nichts spürst, genauso dankbar an wie die Zeiten, in denen sich plötzlich der Himmel auftut und du überrollt wirst von Empfindungen jeglicher Art. Liebe wirkt immer! Dein Liebesstrahl kommt an, auch wenn du denkst, dass du ihn mechanisch aussendest, weil du nichts fühlst. Einzig dein Tun zählt. Dass du liebst und bereit bist, ein Liebender/eine Liebende zu sein. Hab Vertrauen, genieße dein Leben und liebe weiter, was auch immer geschieht in deinem Leben.

9. *Bei mir ist genau das Gegenteil der Fall. Ich spüre dauernd etwas. Das Lieben hat mich total geöffnet. Anfangs war es ja noch aufregend, aber jetzt ist mir einfach alles nur noch zu viel. Was kann ich tun?*

Du gehörst zu den sensiblen Menschen, die sehr viel wahrnehmen. Gleichzeitig sind Körper und Seele mit der Verarbeitung dieser Wahrnehmungen überfordert. Du bist überreizt. Das geht vielen Menschen so, weil zu den positiven Wahrnehmungen auch eine Menge andere kommen, die zum Beispiel von der Flut der Medien gesteuert sind. Elektrosmog, kosmische Strahlung, die Aura anderer Menschen, Lärm, die Enge in den Städten, die vielen Menschen im Trubel des Lebens – all das kann sensiblen Menschen zu viel sein.
Es ist wichtig, dass du auf dich achtest. Wende die Verschmelzungsübung an (und wenn es täglich ist!) und sende den Liebesstrahl bewusst zu dir. Nähre dich über die göttliche Liebe. Fülle dich täglich auf. Suche dir Orte und Plätze, an denen du körperlich und seelisch regenerieren kannst. Gehe in deinen Garten, mach Spaziergänge im Wald oder über Wiesen und verlasse bei jedem Wetter dein Heim, um draußen an der frischen Luft und in der abgeschiedenen Natur Kraft zu tanken. Pflanzen und Tiere helfen dir ebenfalls beim Entspannen und Wohlfühlen. Sei dankbar, dass

du so viel wahrnehmen kannst, denn auch das ist ein Geschenk. Dadurch bist du sehr bewusst, gewissenhaft, feinfühlig, empathisch und anderen Menschen eine große Hilfe, wenn sie Trost, Hilfe, Liebe und Heilung benötigen.

Sei dir gewiss, dass du immer beschützt bist und für dich gesorgt ist. Du bist so richtig, wie du bist.

Gleichzeitig gehört es zu deiner Lernaufgabe, Klarheit zu erlangen über alles, was dir guttut und nicht guttut. Du hast als Mensch jederzeit das Recht, klar „Nein" zu sagen zu allem, was dir nicht guttut. Sag Nein zu Menschen, die dich überfordern, ausnutzen oder manipulieren wollen. Sag Nein zu Situationen, in denen du dich unwohl fühlst. Lerne deine Grenzen kennen und respektieren. Wende dich stattdessen Menschen und Situationen zu, die dir guttun. Jederzeit kannst du dennoch für die Welt da sein, indem du sie mit Liebesstrahlen berührst. Dennoch bleibst du dabei ganz bei dir und verlierst dich nicht. Sei weiterhin ein Liebender/eine Liebende, dann bist du unverwundbar. Du wirst leuchtender und strahlender und mehr und mehr Menschen und Situationen anziehen, die ebenso leuchtend, strahlend und angenehm für dich sind. Das ist ein Prozess. Lass ihn geschehen, versorge dich selbst mit Liebe, grenze dich ab, wo es notwendig ist, und wende konsequent die Verschmelzungs- und Liebesübung an.

10. Das mit dem heiligen Sex macht mir echt Angst. Bisher fand ich Sex ganz nett, aber mehr nicht. Wird sich jetzt auf einmal alles ändern? Ich kann mir das gar nicht vorstellen.

Die körperliche Liebe und dein persönliches Lustempfinden haben viel mit der Lebenslust zu tun, die du für dieses Leben, für dich, deinen und den Körper deines Partners empfindest. Je besser du mit Körper, Geist und Seele integriert bist, desto harmonischer werden sich alle Bereiche deines Lebens zusammenfügen. Dazu gehört auch dein Sexleben. Deshalb wende die Verschmelzungsübung an und nähre dich mit Liebe. Lass Gottes Liebe in dich strahlen, bis du dich satt und erfüllt fühlst. Damit schaffst du die Basis für eine erfüllte Sexualität.
Gleichzeitig lass alle Erwartungen los. Es gibt keine Regeln und keinen Maßstab für eine erfüllte Sexualität. Dein Körper ist einzigartig. Der Körper deines Partners ist einzigartig. Eure Partnerschaft ist einzigartig. Ebenso ist das Empfinden von Lust und Vereinigung einzigartig. Es ist euer gemeinsames Erlebnis. Vergleiche dich deshalb nicht mit einem Idealbild, das es nicht gibt. Setze deine Erwartungen nicht in unerreichbare Höhen. Sei dankbar, dass ihr euch habt, eure Körper miteinander teilen könnt und für wunderbare Momente ganz vereint seid. Und wenn es so sein sollte, werdet ihr auch hin und wieder beim Sex erleben, dass ihr in der körperlichen Vereinigung Gott ganz nahe seid.

Jedes Mal wird eure sexuelle Begegnung einzigartig sein. Einmal wird sie vielleicht erfüllend sein, ein anderes Mal einigermaßen befriedigend und nett. Und dann kann es auch mal sein, dass ihr es als „nicht so besonders" erlebt. Setze dich diesbezüglich nicht unter Druck. Sei ein Liebender/eine Liebende, dann wird sich langfristig sehr viel verändern. Du wirst dich, deinen Partner, dein Leben, die ganze Welt und auch dein Sexleben mit anderen Augen sehen – aus der Perspektive der Liebe heraus. Dadurch wird sich die Qualität eurer sexuellen Begegnung mit der Zeit verändern. Ihr werdet den Sex anders erleben als bisher, ganzheitlicher, nicht nur körperlich befriedigend, sondern auf allen Ebenen erfüllend. Und dann wird dir auch der Gedanke, dass euer Sex heilig ist, keine Angst mehr bereiten. Es wird einfach ein wunderschöner Gedanke sein, der eure seelische und körperliche Verbundenheit ausdrückt. Diese Erfahrung wird dennoch ganz individuell sein.

Freue dich, dass du einen Körper hast, der sexuell aktiv sein kann. Genieße es, Sex zu haben und, vor allem, sprich mit deinem Partner behutsam über euer Sexleben, wenn du Wünsche oder das Gefühl hast, ihr könntet gemeinsam noch mehr Freude erfahren. Kommuniziere offen, ehrlich und immer aus der Liebe heraus und respektiere, dass eure Sexualität nichts Starres ist, sondern ein lebendiges Erleben, das sich mit und durch euch ständig verändert.

11. Kann wirklich jeder Mensch einen Seelen- und Herzenspartner finden?

Aber ja doch! Du selbst wirst der Seelen- und Herzenspartner sein, für dich und für jemand anderen. Es liegt also in deinem menschlichen Potenzial, ein liebender Seelen- und Herzenspartner zu werden, der so sehr strahlend und leuchtend ist, dass er einen anderen Menschen, der ebenso strahlend und leuchtend ist, anzieht. Und alles, was du dazu tun musst – wenn du das möchtest und „Ja" sagst – ist, ein Liebender/eine Liebende zu sein. Strahle Liebe aus, und sie wird zu dir zurückfließen. Es liegt in deiner Entscheidung, dich zu einem wahren Seelen- und Herzenspartner zu entwickeln. Wenn es in deinem Leben zu deiner Bestimmung gehört, wird genau der Seelen- und Herzenspartner zu dir finden, der zu dir passt. Ihr werdet euch erkennen.

12. Gibt es für mich mehr als einen Seelen- und Herzenspartner?

Ja, auch das ist möglich, denn es wird mit der Zeit immer mehr Menschen geben, die Liebende sind und entsprechend andere Liebende anziehen. Alle Menschen, die ebenso wie du Liebesstrahlen aussenden, werden gleichgesinnten, gleichschwingenden Partnern begegnen. Es liegt dann an dir, eine Entscheidung zu treffen, welcher dieser Partner mit dir am besten „schwingt" und in Resonanz geht. Und noch etwas: Eure Liebe ist stets im Dienst der göttlichen Schöpfung. Es wird also der Partner am besten zu dir passen, der diesen Auftrag mit dir gemeinsam erfüllen kann. Innerhalb einer Zweierbeziehung kann dies zum Wohl aller harmonisch und optimal gelebt werden. Hab Vertrauen, denn dein Herz und deine Seele werden es wissen. Alles an und in dir wird genau den richtigen Partner unter mehreren gleichschwingenden Partnern anziehen und erwählen.

13. *Ich habe schon so viele Demütigungen und Verletzungen innerhalb früherer Beziehungen erfahren und kann mir nicht vorstellen, dass die Verschmelzungsübung und die Liebesstrahlen etwas bewirken können, oder?*

Die Heilung liegt in dir selbst. Du bist das Wunder der Liebe und der Heilung. Du hast die Kraft in dir, zu lieben und zu heilen. Die Verschmelzungs- und Liebesübungen, also das Versenden von Liebesstrahlen, sind einzig Werkzeuge, die in dir den Impuls der Verwandlung aktivieren. Was auch immer du erlebt hast, es ist vorbei. Du hast die Kraft, dein Leben jederzeit neu auszurichten, wie ein Kind, das mit staunenden Augen die Welt und alles zum ersten Mal und ohne die Last der bisherigen Lebenserfahrungen sieht. Nähre dich immer wieder. Integriere Körper, Geist und Seele. Die Übungen werden Wirkung zeigen!

Du kannst die Liebesübung auch rückwirkend anwenden. Das heißt, dass du dir zum Beispiel alle Situationen in deinem Leben vorstellst, die für dich traumatisch waren. Pick dir eine heraus, sieh dich und alle Beteiligten wie im Kino von außen und betrachte die Szene, die verletzend oder demütigend war. Dann sende deine Liebesstrahlen in die Situation, zu den Akteuren (zu dir und deinem früheren Partner) und allen Beteiligten. Füttere alle mit Liebe und sieh, wie langsam Heilung eintritt, wie sich alle anders verhalten, wie der „Film der Vergangenheit" umgeschrieben wird. Kreiere einen neuen Verlauf der Situation. Gib ihr einen positiven, glücklichen Verlauf, so, wie du es dir für damals gewünscht hättest. Sieh, wie alles friedlich und harmonisch zum Wohl aller verläuft.

Nun kannst du auch allen Beteiligten verzeihen. Es fällt dir leichter, wenn du ein neues Szenario für alle entworfen hast und dir bewusst wird, dass jeder Mensch Gottes Kind ist, wie auch immer er sich im irdischen Leib verhält. Du musst sein Verhalten nicht gut heißen, aber du kannst erkennen, dass es keine Macht mehr über dich hat und du selbst die Macht der Liebe in dir trägst. Heilung ist jederzeit möglich, wenn du dich dafür öffnest. Wenn du „Ja" zur Heilung sagst, wird sie harmonisch geschehen. Du selbst bist das Wunder. Die Übungen stehen dir dabei zur Seite. Vertraue deinen Kräften, deiner Liebesfähigkeit und dir selbst, dass immer alles möglich ist.

Den göttlichen Segen versenden

Der göttliche Segen kommt in jedem Geschöpf zum Ausdruck. Er erfüllt sich auf individuelle Weise, genauso, wie es die Lebensbestimmung vorgesehen hat.

Alle Menschen tragen diesen Segen in sich, im Irdischen, aber auch in allen Daseinsformen der gesamten Schöpfung, ob im Grobstofflichen oder im Feinstofflichen.

Nimm diesen Segen mit in deinen Alltag. Verändere mit ihm und durch ihn dein Leben und erkenne darin die Dankbarkeit und Gnade, an den Erfahrungen des Lebens teilhaben zu dürfen. Der göttliche Segen hilft dir, dich, dein Leben, deine Beziehungen und deine Lebensbestimmung wertzuschätzen, aufmerksam und achtsam zu sein.

Das Segnen als Akt der göttlichen Gnade verändert und transformiert deine Lebensumstände, deine Empfindungen und Perspektiven. Du wirst die Welt mit anderen Augen sehen, mit den Augen der fließenden Liebe. Es wird dir leichtfallen, ein Liebender/eine Liebende zu sein.

Gewöhne es dir an, täglich deinen Segen zu verteilen und dich dadurch verbunden zu fühlen mit dem gesamten Dasein, der Schöpfung und dem göttlichen Bewusstsein.

Tue dies für dich alleine, sooft du kannst, und praktiziere den Segen gemeinsam mit deinem Partner.

Während ihr euch gemeinsam auf das Segnen konzentriert, seid ihr ein Herz und eine Seele. Ihr sendet Liebe in die Welt hinaus und verstärkt den Fluss der Liebe mit eurer vereinten Aktion und dem Gefühl, im Augenblick ganz eins miteinander zu sein. Euer Segen wirkt verstärkt, potenziert und unermesslich erfüllend. Er wird zu einem gebündelten Strahl der Liebe, um überallhin göttliche Liebe zu tragen und mit göttlichem Bewusstsein zu heilen, zu transformieren und zu kreieren.

Segenssprüche erlösen dich von karmischen Verstrickungen, unerwünschten Manipulationen, dumpfen Gefühlen und ängstigenden Gedanken. Sie wirken stets befreiend und erfrischend, heilsam und verbindend.

Wenn du segnest, wirst du selbst gesegnet. Das Segnen setzt einen wunderbaren Liebesfluss in Gang, der dich selbst erfüllt.

Spüre hinein in diese „Rückkopplung". Fühle das himmlische Vibrieren und Pulsieren der Segensenergie. Mit deinen Sinnen – dazu musst du noch nicht einmal mediale Fähigkeiten haben – kannst du die Segensenergie wahrnehmen, wenn du in dich hineinspürst. Ein warmes, glückliches Gefühl wird dich durchströmen, es wird vielleicht kribbeln oder sich wie ein starker Druck anfühlen. Oder ein leichter Flügelschlag im Herzen. Achte auf deine Empfindungen und sei dankbar für diese fließende Energie, die du selbst aktivierst.

Wenn ihr gemeinsam euren Segen verteilt, seid dabei reinen Herzens. Es versteht sich von selbst, dass ihr das Segnen nicht mit zynischen Gedanken und einer arroganten inneren Haltung praktiziert.

Es sollte euch eine große Freude sein, mit Liebe und Hingabe zu segnen und euch dabei glücklich zu schätzen.

Die folgenden Segenssprüche helfen euch, die tägliche Liebe Gottes in euch zu erkennen, mit Liebe zu versenden und euch von den Lasten des irdischen Lebens zu befreien.

Der tägliche Segen am Morgen: Dieser Segensspruch begleitet eure Liebe an jedem neuen Tag.

Gesegnet bist du, Geliebter/Geliebte. Beginne den Tag mit Freude und Seligkeit, fühle dich wohl, gesund und heil. Gemeinsam füllen wir den Tag mit Liebe und Tatkraft, mit himmlischen Ideen, Gefühlen und Gedanken. Ich danke dir für den Segen, den du mir jetzt ebenfalls schenkst. Möge göttliche Liebe durch unsere Liebe wirksam sein.
Danke.

Der tägliche Segen am Abend: Dieser Segensspruch lässt euch in Harmonie den Tag beenden.

Gesegnet bist du, Geliebter/Geliebte. Finde Ruhe und Erholung im Schlaf und lass die Seligkeit der göttlichen Liebe in dir wirken. Gemeinsam haben wir den Tag erfüllt und freuen uns auf den stillen Segen des Abends, der uns die Nacht versüßen wird. Ich danke dir für deinen Segen, der mich den ganzen Tag begleitet hat. Möge göttliche Liebe durch unsere Liebe wirksam sein.
Danke.

Der Segensspruch für eure Beziehung: Dieser Segensspruch wirkt immer und macht dir auch in schwierigen Lebenssituationen bewusst, wie sehr ihr miteinander in Liebe verbunden seid.

Ich segne unsere Beziehung und bin dankbar, dass wir uns gefunden haben. Die göttliche Vorsehung hat uns in diesem Leben vereint. Nun soll der göttliche Segen über uns liegen, uns erblühen und miteinander Freude empfinden lassen. Mögen unsere Liebe und Beziehung eine Quelle der Freude auch für andere Menschen sein. Mögen unsere vereinten Seelen heilende Kraft in die Welt hinausstrahlen. Mögen wir stets die Kraft haben, unsere Lebensaufgaben zu meistern, uns in Zeiten der Herausforderungen gegenseitig zu nähren, zu tragen und zu stützen. Göttlicher Segen liegt über uns.
Danke.

Der Segensspruch bei einer Trennung: Dieser Segensspruch soll dich begleiten, wenn du eine Trennung von einem Partner hinter dir hast und nun unbeschwert und erlöst in eine Seelenbeziehung gehen kannst.

Danke, dass du mich auf meinem Weg durchs Leben ein Stück weit begleitet hast. Wir trennen uns nun in Frieden und absoluter Harmonie auf allen Ebenen zu unserem und zum Wohl aller. Der göttliche Segen soll dich und mich weiterhin auf unserem jeweiligen Lebensweg begleiten und unserer persönlichen Lebensbestimmung Erfüllung und Vollkommenheit schenken. Mögen sich deine und meine Lebensbestimmung so vollenden, wie es der göttliche Plan für jeden von uns vorgesehen hat. Ich denke respektvoll und liebevoll an dich und wünsche dir nur das Beste im Leben. Gehe in Frieden. Sei gesegnet

im göttlichen Licht und der göttlichen Liebe.
Danke. Amen.

Der Segensspruch beim Tod eines Partners: Dieser Segensspruch ist Dank und Erlösung zugleich.

Danke, dass uns beiden die Erfüllung innerhalb unserer Liebesbeziehung geschenkt wurde. Es war ein großes Glück, dich ein Stück weit durchs Leben zu begleiten, an deiner Seite und für dich da zu sein, dich zu erkennen, göttliche Liebe in dir zu sehen und deine Seele in mir zu tragen. Auch auf der feinstofflichen Ebene werden wir unsere Verbundenheit weiterhin spüren können und dankbar dafür sein. Ich danke dir, dass du mich ebenfalls mit all deiner Liebe ein Stück weit auf meinem Lebensweg begleitet hast. Du hast mich erkannt, meine Seele in dir getragen, mir Erfüllung geschenkt mit den Gaben deines Daseins. Unser gemeinsames Leben war gesegnet. Nun hat es sich im Irdischen erfüllt, und ich werde mich mit der Zeit öffnen, um ein anderes irdisches Glück zu empfangen. Wertschätzung und göttliche Liebe verbinden uns weiterhin und auch mit den neuen Menschen, die noch in mein Leben treten werden, wenn es zu meiner Lebensbestimmung gehört. Der göttliche Segen liegt über uns allen und vereint alle Seelen für immer, die zusammen gehören. In Frieden lasse ich dich in den feinstofflichen Ebenen weilen, bis ich einst selbst dorthin komme. Sei gesegnet im göttlichen Licht und in der göttlichen Liebe.
Danke. Amen.

Segenssprüche für jede Alltagssituation: Diese Segenssprüche sind kurz und bündig und segnen den Alltag.

Ich segne diese Situation.
Ich segne diese Mahlzeit.
Ich segne diesen Kunden/Patienten/Klienten.
Ich segne diese Menschen hier.
Ich segne meine Haustiere.
Ich segne meinen Garten.
Ich segne meine Nachbarn.
Ich segne die Menschen in der Bahn/im Theater/im Museum usw.
Ich segne die Autofahrer.
Ich segne meinen Alltag.

Freut euch, ihr Liebenden, dass es euch gibt. Freut euch über die große Gnade, euch im Leben begleiten zu dürfen und füreinander da zu sein. Freut euch über die tiefe Liebe und Verbundenheit, die euch stets leuchtend bewusst macht, dass ihr Auserwählte der Neuen Zeit seid.

Ihr tragt mit all eurem Fühlen, Denken und Handeln den göttlichen Segen in euch.

Ihr seid göttliches Licht von göttlichem Licht und auf ewig gesegnet.

Wie herrlich es ist, dass es euch gibt.

Zora Gienger
Heilkraft der Dualseelen
Gemeinsames Wirken für die Welt
200 Seiten, A5, broschiert
ISBN 978-3-941363-73-1

Dieses Buch wirft ein neues Licht auf das Thema Dualseelen. Es beschreibt, was Dualseelen sind und wie sie sich erkennen, wie sie ihre Seeleneinheit lebendig halten können und wie es möglich ist, mit der Dualseele verbunden zu sein, auch wenn man nicht weiß, wer der Dualseelenpartner ist.

Es enthält liebevollen Hinweise, wie ein erfülltes, spirituelles Leben gemeinsam mit der Dualseele gelingen kann und welch ein Segen es ist, zu wissen, dass es Dualseelen gibt. Doch es schenkt auch Trost, wenn es im Alltag zu einer eher schmerzhaften Begegnung mit der Dualseele kommen sollte. Meditationen voller Liebe, Dankbarkeit und Segen motivieren, die eigene Seelenkraft zu entfalten und voller Freude die Einheit mit der Dualseele auf der Seelenebene zu feiern – jeden Tag aufs Neue.

Zora Gienger
Heilkraft der Dualseelen
Meditationen
CD, Lauflänge ca. 60 Minuten
ISBN 978-3-95531-038-7

Im Laufe der Neuen Zeit und der lichtvollen Schwingungserhöhung finden sich immer mehr Dualseelen, die sich erkennen und die gemeinsame Aufgabe, Heilkraft und Liebe in die Welt zu bringen, dankbar annehmen.

Die Meditationen zum gleichnamigen Buch sind voller Liebe, Dankbarkeit und Segen und motivieren, die eigene Seelenkraft zu entfalten und voller Freude die Einheit mit der Dualseele auf der Seelenebene zu feiern – jeden Tag aufs Neue.

Martin Dörnhöfer
Die Formel der Liebe
Das Geheimnis der Seelenpartner und der Weg zur wahren Liebe
392 Seiten, A5, gebunden, mit Leseband
ISBN 978-3-941363-35-9

Warum treffen die meisten Singles immer wieder auf die gleiche Sorte Partner? Was ist der Grund hinter den alltäglichen Machtkämpfen in der Partnerschaft? Gibt es einen Seelenpartner? Was ist Liebe? Lässt sich Liebe mit nur zwei Worten beschreiben?
Der Autor erläutert, wie wir durch zwei einfache Faktoren in der Lage sind, unser Leben glücklich und in Liebe zu leben. Das Loslassen unserer Ängste und das Vertrauen in unsere Herzenswünsche sind der Schlüssel für dieses bewusste und liebevolle Leben. Alles, was wir zu Beginn dafür tun müssen ist, eine Entscheidung zu treffen, wie sich unser Leben in Zukunft entwickeln soll. Angst oder Liebe? Denn alles beginnt mit einer Entscheidung!

Angelika Braun
Taguarí – Das Leben findet seinen Weg
408 Seiten, A5, gebunden, mit Leseband
ISBN 978-3-95531-024-0

Taguarí erzählt die Geschichte von Don José Ariza, einem heute 111-jährigen kolumbianischen Schamanen, der im zarten Alter von 14 Jahren den Urwald am Amazonas betritt und dort von einem indigenen Stamm aufgenommen und zum Schamanen ausgebildet wird.
Der Leser begleitet ihn auf seinem Weg der Erinnerung an seine innewohnenden Fähigkeiten und der Tatsache, dass Mutter Erde uns alles zur Verfügung stellt, was wir benötigen, um gesund und glücklich zu leben. Alles Wissen darum ist in uns, wir müssen es nur wieder entdecken.

Sonja Ariel von Staden
Engel – ganz modern!
Energie und Liebe für ein glückliches Leben
280 Seiten, A5, gebunden, mit Leseband
ISBN 978-3-95531-039-4
Mit zahlreichen vierfarbigen Abbildungen

Engel sind eine Form von Energie, die unser Leben verändern kann. Damit wir endlich erkennen, dass unser Paradies auf Erden längst erschaffen wurde. Die Engel können uns dafür die Augen öffnen...
Leuchtende Engelbilder und liebevolle, deutliche Worte berühren tief im Herzen und lassen längst vergessene Träume und Weisheit neu aufleben. Sie setzen frische Energie frei und schenken Hoffnung und Zuversicht.
Hilfreiche Engelbotschaften eröffnen neue Wege und Möglichkeiten, damit jeder Mensch endlich seine Chancen ergreifen und sein Leben zum Besten verändern kann.

Ava Minatti
Engel-Yoga
208 Seiten, A5, broschiert
ISBN 978-3-95531-036-3
Mit zahlreichen vierfarbigen Abbildungen

Die Kombination zwischen Yoga und den Berührungen der Engel ist einmalig und neu. Sie unterstützt uns, mit uns und unserem Körper im Kontakt zu sein, uns zu erden, unsere Mitte zu nähren, uns anzunehmen und zu lieben.
Es werden Basisübungen vorgestellt, um uns wahrzunehmen, wiederzufinden, Kraft zu schöpfen und Stress loszulassen sowie verschiedene Spür-, Dehnungs- und Wahrnehmungsübungen, die entspannen und den Atem vertiefen.
Des Weiteren sind 15 Engel-Yogaübungen enthalten, die den Körper auf sanfte Weise dehnen, ihn aufbauen, harmonisieren und die Organe, Meridiane und Energieströme ausgleichen. Ergänzend lassen die Engelwesen kurze Botschaften mit einfließen.

M. Christine Worbs & Zora Gienger
**Heilende Lichtenergieperlen der
Aufgestiegenen Meisterinnen und Engel**
160 Seiten, A5, broschiert, vierfarbig
ISBN 978-3-941363-88-5

Die Geistige Welt offenbart sich heilend einem ganz besonderen „Seelen-Schmuck für Frauen" und zeigt, wie einfach und natürlich es ist, das königlich-weibliche Gefühl in sich zum Leben zu erwecken. Zur Seite steht dabei jeder Frau ein ganz besonderer Perlenschmuck.

Liebevolle, ausgleichende, heilsame, motivierende und beruhigende Energien sind wirksam mit dem Perlenschmuck verbunden und entfalten sich sachte und behutsam während des Lesens und natürlich erst recht, wenn der Schmuck getragen wird.

Hier stellen sich alle Energien der Geistigen Welt vor, die speziell für Frauen wirksam sind. Bekannte Engelenergien sind ebenso vertreten wie bekannte Meisterinnen. Aber auch sehr viele neue Begleiterinnen aus der Geistigen Welt, die ab 2012 ins Energiefeld der Erde gerückt sind und sich speziell an Frauen wenden, werden beschrieben.

Die Liebe und Fürsorge der Geistigen Welt machen Mut, schenken Vertrauen, trösten und helfen, die eigenen Kräfte in sich wieder zu entdecken und im Leben schöpferisch zur Entfaltung zu bringen.